JN109922

心について考えるための心理学ライブラリ

2

発達心理学の視点

「わたし」の成り立ちを考える

小松 孝至 著

サイエンス社

監修のことば

　本ライブラリの主目的は，心について考える視点，きっかけを読者に提示するということにあります。教科書という位置づけではありますが，一般書，専門書としての機能も併せ持つ，数巻から成る心理学の書籍群です。

　心理学の教科書は，多くの場合，よく知られた理論，概念，先行研究に言及し，解説していくことが通例ですが，読者にとっては，それらが他ならぬ自身の心とどのような関係があるのか，つかみがたいことも多いと思います。読者が，大学1年生など若い場合は，なおのことそうかもしれません。中には，自発的に自身の心と関連づけて思考を深めるケースもあるとは思いますが，なかなか難しいことのように思います。そこで，本ライブラリでは，各章において，基礎的事項の解説後，その事項と読者の心を関連づけるような「問題」をいくつか設定し，その問題に対する著者なりの「解説」も示します。本ライブラリの特徴の一つは，著者の色を発揮して，読者に訴えかける内容にするという点にあります。

　心理学の教科書は数多く刊行されています。さまざまな工夫がそれぞれにおいてなされており，新しいコンセプトを打ち出すことはもはや限界かもしれません。今から約50年前に刊行されたある心理学概論書のはしがきには，戦後おびただしい数の心理学概論書が出版されていることが記されています。当時，すでにこうした記述がなされていることに驚きますが，この状況は半世紀近く経った今ではより一層当てはまると思います。しかし，そうであっても，今なお，書籍を通して心理学の魅力を伝え，一般読者に心について考えるための素材を提供し，また専門家に対して著者の見解を提示することで新たな視点を創出することはできると考えています。

監修者　村井　潤一郎

はじめに

　心理学のさまざまな分野の中で，本書が扱う「発達心理学」の分野では比較的多くの本が出版されているように思います。教育や保育にかかわる資格・免許のための学びに発達心理学の内容が含まれることもその理由の一つかもしれません。筆者が知っているだけでも，発達心理学の諸領域を詳細に描き出す何巻にも分かれた本，保育の現場とのつながりをとことん考えてまとめられた本，特定の年齢層や研究領域に焦点をあてて発達の過程を詳しく解説する本など，魅力的な本が多数出版されています。

　本書の執筆に取り組むにあたって，こうした中に新たな本を一冊つくりあげる意義を見出すことは簡単ではありませんでした。発達心理学の研究者としての筆者は，心理学の中ではあまり一般的とはいえない方法・視点で細々と研究を続けてきました。そのため，発達心理学のさまざまな領域の研究者が分担して書いた本よりもさらに的確に各領域をまとめられるような幅広い視野はありませんし，自分の研究をまとめたり，関連する研究を紹介したりしても，『発達心理学の視点』というタイトルの本にはなりそうにありません。講義が上手で学生からの評価も高い研究者ならば，きっと魅力的な切り口を提供できるのでしょうが，講義についても毎回悩むことばかりです。

　そうしたわけで，学術的な意義，あるいは読み物としての面白さという点で，本書は際立ったものではおそらくありません。しかし，筆者がこれまで講義で出会った受講生とのやりとりを思い返しながら，発達心理学の多くの入門書が前提にしてきたことをていねいに見直し，安易な省略や単純化には頼らないようにしながら，読み手と本の内容の距離が少しでも短くならないかと考えた結果ではあります。

　たとえば，発達心理学の多くの概説書は，出生，あるいは胎児の時期から始まり，老年期に向かう流れで書かれています。確かに人の一生を考えると，その流れは自然かもしれません。しかし，読み手の多くであると思われる学

生の立場からみると，一番身近な「発達の現場」は自分自身で，「子ども」は将来自分が仕事の中でかかわる存在，あるいは，子育てをすることになってかかわる存在，という場合が多いように感じられます。もちろん，子育てをしながら学ぶ，仕事をしながら学ぶといった場合もありますが，そこでも，子どもとかかわる「自分自身」の重要性は決して小さくないように思えます。そのようなことから，本書では職業選択や結婚・家族にかかわる「青年期」や「前成人期」と呼ばれる時期の発達をめぐる内容から始め，その後にいわば子育てをするような流れで，乳児期・幼児期・児童期の発達について考え，最後に中年期・老年期にふれることにしました。

　また，概説書では心理学の専門用語の紹介（たとえば，「〜のことを○○と呼びます」）が多くなります。それは研究者にとっては重要なものですが，学び手は得てして「そのことばの説明を読んだ（覚えた）＝心理学を理解した」と考えてしまうように思われます。本書では，そうした用語は少なめにしながら，心理学の研究がどのような考え方で発達をとらえようとするのかを，ていねいに説明するよう心がけました。そうすることで，用語をはじめ研究者が前提としている考え方の枠組みを無自覚に読者に「押しつける」ことも減らせるようにと考えています。

　これらのことが成功しているかどうかは定かではありません。ていねいに説明しようとすると，どうしても「すっきりしない」言い方になりがちですし，はじめに書いたような筆者の限界もあって，領域間で内容や視点のバランスがとれていないことも否めません。そうした「くせ」のようなものも含めて，本書と「相性が合う」読者が一人でも多くあらわれることを願っています。また，「相性が合わない」と感じた読者の方も，そうしたわけで本書の内容が発達心理学のすべてではありません。各章末には参考図書としてさまざまな本を挙げていますので，それらをもとに，ぜひ発達心理学の学びを深めてください。

　2022 年 5 月

　　　　　　　　　　　　　　　　　　　　　　　小松　孝至

目　次

序章 人が「発達」するということ

昨日，あなたは何をしていましたか？

昨日のあなたと今のあなたの違いは何でしょうか？

1カ月前，あなたは何をしていたでしょう？　1年前はどうでしょう？　5年前，10年前は？

明日のあなたは何をしているでしょう？　明日のあなたと今のあなたには何か違いがあるでしょうか？　1カ月後，1年後，5年後，10年後はどうなっているでしょう？

発達心理学では，このような時間の流れの中の人間の変化を，思考や感情などの心の働きや行動の特徴，人と人との関係に焦点をあてて考えます。

序.1　あなたが変わるという「発達」

自分の過去を振り返ったとき，1カ月前，1年前，5年前……と振り返る時間が長くなるほど，そのときの自分と今の自分は違っていると答える人は多いでしょう。5年前に比べると，いろいろなことを知り，できることが増えた人もいるでしょう。逆に，昔はできていたことができなくなってしまった場合もあるでしょう。趣味や好みのようなものが変わった，着ている服や持ち物が変わったという人もいることでしょう。

このような変化は，もちろんあなた一人に限られたものではありません。私たちの周りの環境も少しずつ変化しています。5年前とは違う家に住んでいる人もいるでしょうし，5年前仲の良かった人と今親しい人が違う場合もあるでしょう。そして，その家，周囲の人々もそれぞれ時間の中で少しずつ変化しています。建物は変化しないだろうという人もいるかもしれません。でも，風雨で少しずつ傷んだり，部屋の模様替えがされたり，庭の木が大きくなったりと，変化は起こるものです。

　では，あなたや周囲の人・ものの変化は，5年・10年という長い期間がなければ起こらないのでしょうか。実はそうでもありません。ちょっと「へりくつ」のようでもありますが，この章をはじめからここまで読み進めたあなたは，この本を読む前のあなたに比べれば，少しだけ「自分の変化」に目を向け，考えていて，その分何かは変わっているのです（たぶんそれは人生を大きく変えるものではないでしょうけれど）。

　こうして，あなたも，あなたの周りの人やものも，時間の中で少しずつ変化しています。その中には大きな変化もあれば，小さな変化もあります。幼い子どもたちのように，1年のうちに次々と大きな変化が起きる時期もあれば，何年も経っているのに変化がとぼしいと感じられる時期もあります。

　もしかしたら，自分の変化といわれても，うまく感じとれない場合もあるかもしれません。まずは，5年前，10年前の自分を考えたり，あるいは5年後，10年後のあなたを想像したりしてみてください（**Q序.1**，**A序.1**）。そして，その変化は，実は毎日の小さな変化の積み重ねの中で起こるのです。

序.2　あなたが変わらないという「発達」

　「人は変わる」と説明した後，「人は変わらない」という話をするのは矛盾しているようにみえるかもしれません。しかし，毎日の経験を通して私たちが変化する中でも，私たちは自分が誰で，これまでどのように成長してきたか，たとえば，小学生のころどんな子どもだったか，中学生のころ何をしていたか，などについて，それなりに筋の通った説明ができます。昔のことはあまり覚えていないとか，思い出したくない人もいるでしょう。しかし，少なくとも私たちの社会は，このような時間の中で連続する，統一された「個人」についての考え方を共有しています。たとえば，今，あなたが誰かと何か約束をするとします。それは，今の自分と将来の自分が「一貫している」，つまり，今約束をしているあなたは，明日も同じ人物で，約束を守るという前提を共有しているためです。もちろん，約束を簡単に破る人もいますが，

それがあまり良いこととされないのは，やはり私たちが「一貫し，連続している」という考え方を共有しているからです。

つまり，私たちは変化しながらも，ある一人の人間としての一貫性・連続性をそれなりに持つことができます。そして，その連続性は，たとえば「性格（パーソナリティ）」のような心理的な特徴にもあてはまります。子どものころから，友だちや先生とかかわることが好きだった人が，極端に人嫌いになることはあまり起こらないでしょう。読書が好きだった人が「活字なんて見るのも嫌」というほど本嫌いになることもあまりないでしょう。そして，もしそのような大きな変化をしたとしたら，きっと，いつ，どうして変わったのか（たとえば「中学生のときに運動部の活動にはまってしまってすっかり本を読まなくなった」というように）説明ができるでしょう。そんなことができるのは，やはりその人の「一貫性」「連続性」が保たれているためと考えることができます。

こうして考えると，私たちは変化しながら，ある程度一貫し連続した「自分」をつくり，生きていくことがわかります。発達心理学では，個々の人間が，誕生から死まで，こうした「変化」と「連続性」を持って生きていく様子を，さまざまな実験や調査の結果から考えます。

序.3　発達心理学が必要な理由

ここまでのちょっと漠然とした説明から，そんなことをなぜ研究するのか，あるいは，学ぶ必要性がよくわからないと思う人もいるかもしれません。自分の何が変わったか，子どもたちにどのような変化が起きるのか，わざわざ難しく解説してもらわなくても，自分は成長してこられたし，これからもたぶんやっていける。そんなふうに思うかもしれません。

この本をすすめるにあたって，筆者の立場からその意義をいくつか挙げると次のようになります。一つは，これからみなさんが接するさまざまな人を理解し，接するための手がかりになることです。このことがもっとも重要に

なるのは，子どもたちとのかかわりでしょう。読者の中には，保育士や学校の教員などの資格を取るための勉強の一つとして発達心理学を学んでいる人がいると思います。また，将来子育てをすることになる人，あるいは，今まさに子育て中の人もいるでしょう。

　実は，小学校に入学する前の子どもたちは，身の回りの現象や他者の「心」についての理解の仕方，考え方に独特の特徴を持つと考えられています（第7章）。それは，単に経験不足だからとか，難しいことばを知らないからということでは十分説明できません。そして，大人と同じ考え方を教えれば，子どもはすぐにそれを使いこなすわけではないこともわかっています。

　ただ毎日寝て，泣いて，ミルクを飲んでいるようにみえる赤ちゃんも，実はその力を使って周りのさまざまなことを理解しています（第3章，第4章）。さらに成長の過程で，子どもたちはさまざまなことを学び，物事の理解を深めていきます（第6章，第9章）。そう考えると，子育てをする家族，保育や教育を仕事にする人が，子どもたちの良い環境をつくるために，これらのことを具体的に知っておく必要があるでしょう。

　また，子どもと家族の関係について，「子どもには周囲からの愛情が必要だ」と考える人は多いと思います。では，その「愛情」とは具体的に何のことでしょうか。説明しようとすると難しかったり，人によって考えることが違ったりしないでしょうか。発達心理学は，親をはじめとした大人と子どもの関係についても，このような漠然としたイメージではなく，細部に至る理論を考えています（第5章）。

　仕事や子育てで子どもたちに接するとき，このような特徴を理解しておくことで，子どもの行動を理解したり，子どもに働きかけたりする参考になるはずです。さらに，主に「臨床心理学」と呼ばれる領域で扱われる心理的な治療を考える上でも，こうした理解は重要です。心理的な問題の多くは，私たちが成長する過程で他者との関係，たとえば親子関係や友人関係の中で明らかになると考えられるためです。その基礎として，成長する中でどのように対人関係が変化していくのかを知ることも大切です（第8章，第10章）。

　もう一つは，自分を理解する助けになるということです。この本を手に取った人の中には，「自分はどうしてこんな性格なのだろう」とか，「今，学校に通っているけれど，どんな仕事に就きたいかわからない」などと悩んでいる人もいるのではないでしょうか。残念ながら，発達心理学は「その理由はこれです」「こうしたらよいです」と，シンプルでわかりやすい答えを出すことはなかなかできません。しかし，それを考える手がかりは示すことができます（たとえば第1章，第2章）。そうした考えを深める助けとして発達心理学をとらえることもできるでしょう。

　最後に，これからこの本を読んでもらうにあたって，一つ大切なことを説明しておきたいと思います。

　この本を読み進めていく中で，書かれたことが自分に，あるいは自分の周囲の人にはあてはまらないと感じる場面があるはずです。人間の発達は，単純なものではなく，かなり多様です。たとえば，障がいのある子どもたちの発達のように，とても「ゆっくり」であったり，いわば異なる「バランス」をみせたりするなど，多様性を持っています[1]。また，さまざまな国の子どもの発達を比較すると，環境や文化に応じて違っている部分があることもわかっています。残念ながら，この本で説明する内容は，その中でも比較的一般的に起こると考えられていることに限られてしまいます。そういうわけで，「自分は違う」と思っても，まずは，この本に書かれた内容を出発点に，自分の，そして，子どもたちの「発達」を考えてみてください。

---

[1]　詳しくは，本章末「参考図書」の尾崎ら（2018）などを参照してください。

序.1

みなさんのこれからの人生で起こると思われる出来事，あるいはこれまでの人生で経験した出来事について，簡単な年表（図0.1）をつくってみてください。

たとえば，みなさんが大学や専門学校などに通う20歳前後の年齢だとしたら，これから人生を終えるまでに，いつごろ（何歳ごろ）どのようなことが起こりそうか，「良い出来事」だけでなく「あまり良くない出来事」も想定して含めてみてください。また，子育てをすることになったらと考えて，自分の年齢の隣に子どもの年齢も書き，子どもたちが学校や家庭で経験するであろう内容も想像してみましょう。より年上の世代の方は，20歳ごろからの自分が経験してきたことを同じようにまとめてみてください。

自分の年齢	自分に起こりそうな（起こった）出来事	仮に子どもがいるとしたら，その年齢	子どもに起こりそうな（起こった）出来事
20歳			

図 0.1　年表の例

序.2

発達心理学は，英語では developmental psychology ということばで表現されます。ここで「発達」にあたる語は development です。英和辞典でこのことばを引いて，「発達」以外にどのような意味があるか確かめてまとめてみてください。

memo

A序.1

　この課題に「正解」はありません。みなさんそれぞれが書いた年表を見ながら、この本を読んでいってください。多くの発達心理学の本は、胎児期・乳児期から始まりますが、この本では、おそらく多くの読者にもっとも身近な、職業の選択や結婚などに関する、「青年期」「成人期」と呼ばれる時期の説明から始まります。そして、そこからの人生や子育ての中で見聞きし体験することを、心理学的に考えていくことになります。

　みなさんが書いた内容はさまざまだと思いますが、それがみなさん個人の変化だけではなく、身の回りの、さらには社会のさまざまな要因とも関係していることは確認しておきたいと思います。たとえば、みなさんが大学や専門学校で学んでいるとしたら、卒業後に**就職**することはみなさんの発達上の重要な出来事です。ただ、そこでうまく希望する仕事（職場）に就けるかどうかは、いわゆる「景気」の良し悪しや、その職場で採用される人数の変動などにも影響されます。その結果どのような職場に就職したかは、たとえばどのような人と結婚するかなどとも関連し、みなさんの今後の心理面の変化に影響するかもしれません。

　また、携帯電話やスマートフォンについては、1990年代半ばまで携帯電話自体が一般的ではなく、もちろんスマートフォンもありませんでした。十分な研究があるわけではありませんが、いつでも連絡がつく（連絡がついてしまう）SNSによる仲間関係や友人関係などは、それ以前の世代（筆者もその一人です）が経験した人間関係や、その中で課題になったこととは少し異なるところがありそうです（たとえば、SNSによる友達関係やその中の「いじめ」の発生など）。つまり、技術の進歩が人間関係という心理学的な内容に影響していると考えられます。20年、30年後の子どもたちは、さらに今とは異なる環境の中で育つことになるでしょう。

　これらとは逆に、人間の心には、時代や社会が変わっても大きくは変わ

らない共通の特徴もあります。発達心理学は，時代や社会の影響を受ける
もの，受けにくいもの，その両方を取り扱う研究分野といえます。
（この課題で作成した年表は，終章の**Q終.2**でもう一度使用します。）

A序.2

　筆者の手元の辞書（「新英和大辞典」研究社）で "development" を引
いてみると，最初に「発達，発育，成長」など，この本のテーマである
「発達心理学」と密接にかかわる意味が挙げられています。次に出てくる
のは「（資源・事業などの）開発，拡張」などの意味で，たとえば住宅や
団地を「開発する」のも development です。

　さらに，生物学や数学，写真，音楽などの世界でも development とい
うことばが使われることがわかります。生物学では「発生」や（動物・植
物の）進化といった意味があります。つまり，個人が発達する変化だけで
なく，長い年月の中で，たとえば「ヒト」のような種が進化していくよう
な変化も意味します。数学になると（式の）「展開」，写真では「現像」
（デジタルカメラではこんな作業はありませんが，かつて一般的だったフ
ィルムを使った写真では，撮影したフィルムを暗室で薬品につけて撮った
像を浮かび上がらせていました。その作業を「現像」といいます），音楽
では，曲の中である主題（テーマ）が展開する部分を development とい
うことばでさします。詳しい辞書にはこれ以外にもいろいろな用法が書か
れています。

　このように，development は，「発達」ということばからイメージされ
る内容を越えて，何かが「変化しながら広がる」，また，（新たな住宅地の
開発や写真の現像のように）「今まで見えなかったものがつくられる，あ
らわれてくる」ということを，かなり広い範囲で意味することばです。こ
れから説明していく発達心理学は，人間の行動や心の働きが，変化しなが
らあらわれ，広がっていく様子をみていくことになります。

　このように書くと，発達心理学は何かが新たに出来上がり，充実してい
く様子だけを扱うように思われるかもしれません。しかし，現代の発達心
理学は，老年期までの変化を対象とする「**生涯発達**」の観点を重視します。
老いていくこともまた，私たちの生物学的・心理学的なしくみにもとづく
「発達」の一つの形と考えられるのです。

参 考 図 書

青山 拓央 (2019). 心にとって時間とは何か　講談社

　この本は，心理学者ではなく哲学者による時間と心に関する議論です。ふだん私たちが疑わない「時間」のあり方を，さまざまな切り口から考えていきます。この章に書かれた，「時間の流れの中の自己の変化と不変」について，さらに深く考えてみたいときに手がかりになるものです。この本で取り上げられている内容については，終章でもう一度ふれます。

尾崎 康子・小林 真・水内 豊和・阿部 美穂子 (編) (2018). よくわかる障害児保育　第2版　ミネルヴァ書房

　幼児期を中心に，さまざまな障がいの特徴や，障がいのある子どもたちに対する周囲のかかわりの具体的なあり方が解説されています。本書では取り上げることのできなかった，子どもの発達の多様性を考えるための手がかりになります。

第1章 「大人になる」ということ——青年期の発達

あなたは「大人」ですか？

この質問への答えは，人によってずいぶん違うことでしょう。たぶん，18歳や20歳の誕生日を迎えているかどうかが，基準の一つになるはずです。しかし，ある誕生日を境に，何もかもが「がらりと」変わるかというと，そんなことはありません。毎日の経験の積み重ねの中で，少しずつ「大人」になっていくと考えられます。ここでは，この本を読む多くの人が経験している（あるいはすでに経験した）と思われる，「大人になる」ことから，人間の発達を考えたいと思います。

1.1 「青年期」とそこで経験される課題

「大人」を考える基準はその年齢に着目するだけでもいくつかあり，国や時代によっても異なります。たとえば，諸外国では18歳を成人とする国が多く，日本でも2022年4月から成年年齢が20歳から18歳に引き下げられました。過去の「成人」の儀式（男性）ともいえる「元服」は，通常12歳から16歳で行われていたといいます。ただ，現代社会の実感でいえば，18歳にせよ20歳にせよ，ある日突然「大人になる」のではなく，さまざまな経験を通した変化が積み重なって，「子ども」から「大人」へと徐々に変わっていく，と考えるほうが自然でしょう。

この「大人になる」時期は，発達心理学で「青年期」と呼ばれる時期と重なります。この青年期の心理的特徴を理解しようとする「青年心理学」という研究領域では，青年期を「学校教育を通して職業を選択し人生を形成するための発達期，言い換えれば，どのような大人になるかを模索し決定するための準備期間」（溝上，2010，p.vii）などと定義します。さらにこの後の時期，つまり，職業に就いてからの時期が含まれることも少なくありませんが，いずれにしても，「学ぶ」段階から「社会に出て働く」段階への移行の時期

といえます。

　さて，発達心理学は，この「青年期」のようにある発達の段階をとらえ，そこで新たな力を身につけたり，また，課題に向き合い，解決していったりする様子を研究対象の一つとしています。青年期の定義からもわかるように，職業の決定は，青年期に重要になることです。また，結婚に至らなくても，親密なパートナー（恋人）と関係をつくってそれを深めていくことも重要でしょう。たとえば今，みなさんが大学や専門学校に通っていて「現在，自分について気になっていること」をたずねられたら「就職をどうしよう」とか「付き合いたい相手がいるがどうしよう」「恋人とうまくいかない」といった悩みが挙げられることが少なくないでしょう。さらに，政治的な，あるいは人生に対する「価値観」のようなものをつくり上げていくこともこの時期の課題とされることがあります。

　職種や環境にもよりますが，就職や**恋愛**，**結婚**などは，単に「どんなところでもいいから職場に入れればよい」とか「どんな人でもいいから相手が見つかればよい」という考え方ではうまくいかないことが多いでしょう。また，みんなで共通のテストをして点数順に上から順番で決めるといった決め方もなじみません。職業やパートナーの選択には，自分が何をしていきたいのか，自分の能力はそれに見合うか，自分はどんな人とのどんな関係で幸せを感じるのか，といったことが重要になります。つまり，自分自身の理解（**Q1.1，A1.1**）と，就職先や付き合う相手のいわば「相性」がかかわってきます。就職活動の中で，「自己分析」が奨励されたり，面接の際，自分自身に関するさまざまなことがたずねられたりするのには，そんな背景もあります。

　言い換えると，青年期の発達は「自分が何者か」という問題に向き合うことと密接な関係にあります。そして，この問いは1つの答えがあるわけではなく，個々がそれぞれ答えを出していくものです。また，「自分は〇〇な人間だ（例：超有名企業のA社で働くのにふさわしい）」という答えを持ったとしても，それを周りの人が認めてくれなければ（たとえば，A社に入社が認められなければ），それは他者から認められた自分とはいえません。こう

した，「自分にとっての自分自身」と，「他者から見た自分」がかかわる複合的な「自分づくり」の問題を，発達心理学では「アイデンティティ」という概念を使って考えます。

1.2 「自分づくり」とアイデンティティ（同一性）

　「アイデンティティ」ということばをふだん使わなくても，「ID」という略語は聞いたり使ったりすることがあるでしょう（たとえば「IDカード」「ログインID」のように）。辞書によると，IDはidentificationという単語の略で，この単語の意味には「同一と認められること」（「新英和大辞典」研究社）といったものがあります。職場や学校などで，あなたが「同じ」人であることを示すのが「ID」カード，インターネット上で「同じ」人がログインしようとしているのを示すのが「ログインID」です。アイデンティティ（identity）はこれと同じ語源によることばで，「同一性」などと訳されます。

　心理社会的発達の理論をまとめる中で，このことばを青年期と関連づけて考えたのが，精神分析家でもあったエリクソン（Erikson, E. H.）という研究者です。図1.1は，その理論で発達の過程を理解するためのもので，乳児期から老年期までのそれぞれの段階で，経験される重要な主題（「危機」と呼ばれます）を，ことばの対で説明しています。そして，青年期の危機は，「同一性 対 同一性混乱」という語で示されます。「混乱」とのせめぎ合いを通して，アイデンティティ（同一性）が形成されることが，青年期の発達の上で重要になるわけです。

　では，アイデンティティが形成されるとは，どういうことでしょうか。溝上（2010）によると「私はどこから来てどこへ行くのか」という，過去から未来への自己の連続性が感じとられていること，そして，「これが私だ」という自己定義が他者や社会から認められていることがアイデンティティの感覚に結びついているとされます。さらに言い換えると「私は，自分が何になりたいかをはっきりと考えている」とか「私は，自分がどんな人間であるの

		1	2	3	4	5	6	7	8
老年期	VIII								統合 対 絶望, 嫌悪 **英知**
成人期	VII							生殖性 対 停滞 **世話**	
前成人期	VI						親密 対 孤立 **愛**		
青年期	V					同一性 対 同一性混乱 **忠誠**			
学童期	IV				勤勉性 対 劣等感 **適格**				
遊戯期	III			自主性 対 罪悪感 **目的**					
幼児期初期	II		自律性 対 恥, 疑惑 **意志**						
乳児期	I	基本的信頼 対 基本的不信 **希望**							

図 1.1　エリクソンによる発達段階と心理・社会的危機に関する図式
(Erikson & Erikson, 1997 村瀬・近藤訳 2001, p.73)

エリクソンは，人間が発達の過程で経験する危機と，それを通して得られる「人間的な強さ」を上のような図を使って整理しました。この図式は「漸成図式」と呼ばれます。
対角線の形で並ぶそれぞれのマスにあることばの「対」（例：基本的信頼 対 基本的不信）は，その段階の心理社会的危機をあらわしています。本文にもあるように，青年期は「同一性 対 同一性混乱」という対で示される危機が明確になります。そして，同一性が得られることであらわれるのが「忠誠」です。
青年期以外にもそれぞれ，危機を示す「対」とそこからあらわれる「強さ」が示され，対角線以外の空白のマスの存在は，それぞれの時期の発達が，それ以前にも何らかの形で存在したり，また，その後もさらに発達的に変化したりすることを示唆しています。

かを知っている」といった感覚と考えられます（畑野ら，2014）。

　序章でもふれたように，私たちはあらためて言われなくても過去の自分と今の自分の連続性を感じとれるようにも思えます。また，自分の周囲の人々は自分が誰であるかを知ってくれています。その意味で，この説明は当たり前のことと思えるかもしれません。しかし，青年期にはそれを越えて，「自分に何ができるのか」を試し確かめながら，それが自分のすべきことだ，としっかり感じとれること，それが周囲からも認められることが重要と考えられています。あえて筆者のことばで言い換えると，過去からの自分を理解した上で「自分自身のこれからの使い道」がわかったという感覚を持てること，といえそうです。

　エリクソンは，青年期は，こうした過程のために，大人としての義務や責任が猶予される時期という意味で「モラトリアム」（心理・社会的モラトリアム）の時期と名づけました（Erikson, 1963 仁科訳 1977）。モラトリアムとは，もともとは企業や銀行などが支払いを一時猶予されること，その期間を意味する語で，それにたとえて青年期の特徴を表現しています。

1.3　アイデンティティのさまざまな形

　さて，身の回りを見渡しても，こうした「危機」をすべての人が同じように経験しているとか，同じように解決しているわけではないと思えます。アイデンティティが形成される過程には，いわば「人それぞれ」の側面があります。このことについて，発達の過程での個人の状態を大きく4つの**アイデンティティ・ステイタス**のいずれかに分類してとらえる見方がマーシア（Marcia, J. E.）によって提案されています（Marcia, 1966; 無藤，1979）。これによって，その人のアイデンティティが構築される過程の特徴を個別にみていくことができます。

　この見方では，たとえば将来の職業について迷い，決定しようとして苦しむ「危機」の経験がないままに，選んだ職業などに強く関与する気持ちを持

ち，自分自身の信念が明確になっている人は「**早期完了**」という地位（ステイタス）に分類されます。このステイタスでは，自分について持っている目標（価値観）や職業に関する考え方などが，他者（親など）のそれと「不協和がない」（対立・矛盾しない）状態にあるとされます。

　この「早期完了」は，職業などをめぐって周囲の人と葛藤やもめごとがなく，悩みがないままに将来のことが決まる，望ましい「大人へのなり方」と思われるかもしれません。しかし，このステイタスにある人は，しばしば「硬さ（融通のきかなさ）」があるとされています（終.2節参照）。逆に言えば，発達の中で「危機」を乗り越えることは，苦しい経験であるだけでなく，柔軟な強さをもたらすものと考えられるのです。このように，いくつかの可能性・選択肢を真剣に考えた上で意思決定し，行動できているのが「**同一性達成**」のステイタスで，その過程でいくつかの選択肢の間で迷っている状態が，「モラトリアム」のステイタスとされます。

　一方，こうした過程で，たとえば「自分がどんな人間か」という問いに対して「ふらふらしてるというか，これだというのがない人間。なんにしても。あらゆることに疑問を感じて，それでいて自分は何もしない人間。（後略）」（大倉，2002，p.91）といった状態になってしまうこともあります。現在や将来の自分について考えることが困難であったり，すべてのことを可能にしたまま「何もしない」状態は「**同一性拡散**」のステイタスと呼ばれます。

　これらの分類については，その後さまざまな研究で批判や修正，細部の検討がなされています（伊藤，2012）。いずれにしても，すべての人が，同じように「自分づくり」をするわけではないことは間違いありません。そしてそれは，次に説明するように，青年期までの発達や青年期以降の発達ともかかわっています。

1.4　青年期までの発達，青年期以降の発達とのつながり

　エリクソンは，青年期の課題がその人の幼いころからの発達とつながり，さらに，その後の発達にもかかわってくることにも着目していました。図1.1が縦横で $8 \times 8 = 64$ の，空白がたくさんある形なのは，このことと関連しています。エリクソンは，ある発達段階の危機が，別の段階ともつながっている（形を変えた危機としてあらわれたり，獲得されたものがさらに変化したりする）可能性を考えていました。たとえば，学童期にある「勤勉 対 劣等感」という危機が，青年期に，あるいはそれ以降の段階で形を変えてあらわれるといったことを想定してこの図を作成したのです。

　しかし，青年期に課題となることが，それ以前やそれ以降の発達と関係することは，エリクソンの理論と直接関係しなくても，現在行われているさまざまな心理学研究で取り上げられています。たとえば，就職活動をするから自己分析が必要，といわれても，それまで自分の持ち味，得意，不得意といったものを考える機会がなければ，豊かな自己像は描けません。職業にかかわる活動を「上手く行える」という感覚を持つためには，その活動にかかわる機会を持ち，うまくいった経験をすることや，過去のそうした経験をとらえなおすことが重要とする研究結果もあります（安達，2006）。そして，こうした自己像をつくり上げる作業は，小学校に入学する前から，日常生活の中の会話などを通して少しずつ始められていると考えられています（第8章，第10章参照）。

　恋愛をはじめとした親密な他者との関係も，幼いころからの発達との関係が考えられています。乳幼児期に，両親をはじめとした養育者との間で形成される関係の質には個人差[1]があります（第5章）。この個人差は，その後の

---

[1] 心理学では，特性や能力の個人による違いを「**個人差**」と呼び，さまざまな検査やテストによってそれを調べます。性格（パーソナリティ）テストや学力テストも，このような個人差を調べる方法の一つです。この本でも，この後さまざまなことの個人差について説明します。

人間関係の基礎となり，関係の持ち方の個人差（たとえば，友人と親密な関係をつくりやすいか，親密な関係をむしろ望まないかなど）に影響すると考えられています。さらに，それが青年期の恋愛関係の質，さらにはその人が親になり子育てをする際，子どもとの間で築く関係の質にまで影響する可能性も考えられています[2]。一方，青年期の課題が十分解決されなかったことが，その後の人生において課題となることがあります。たとえば，1.3節で説明した「同一性拡散」の状態が続けば，その後1つの職業に就き，長く続けることは難しいでしょう。

　いずれにしても，青年期に限らず，ある発達段階で課題となったり身につけたりすることについては，他の段階でその人に起こったことと関連づけながら考えることが必要になります。読者のみなさんにとって，今課題となっていることも，幼いころからの育ちにもとづいているかもしれませんし，また，今後，形を変えて別の課題としてあらわれるかもしれません。

1.5　現代のキャリアの多様性

　さて，ここまでの説明について，あまり「ぴんとこない」という人もいるかもしれません。職業に就くことについて，現在の状況をここまでとは少し異なる視点から，さらにみてみましょう（Q1.2，A1.2，Q1.3，A1.3も参照）。

　現代の日本の「就職」やその先の「キャリア」のつくられ方は，かなり多様です。まず，青年が社会に出るタイミングが，昔と比べて遅くなっています。このことは，日本社会の歴史的変化と関係しています。たとえば，4年制**大学への進学率**（過年度卒の入学者を含む）は，1960年に8.2％（男性13.7％，女性2.5％），2000年に39.7％（男性47.5％，女性31.5％）であった

---

[2]　ただし，これらのつながりや連続性は，理論的に想定されているもので，実際にどの程度のつながりがあるのかを調べた研究からは，それを支持するものから，かならずしもそういえないものまで多様な結果が得られています（第5章参照）。

のに対し，2019年には，53.7％（男性56.6％，女性50.7％）になっています。この53.7％という値は，1958年の高等学校進学者（通信制課程を除く）の割合と同じです（文部科学省「学校基本調査」）。地域によって進学率には差があります[3]が，大学に通う年数だけをみても，かつてと比べて，社会人として働き始めるのが遅くなっていることになります。

　就職しても，そのままその勤め先に定年まで勤務する人ばかりではありません。良い条件を求めて，あるいは自分の考え方・価値観に沿って転職する人も少なくありません。最近の研究（安藤，2014）では，これまで否定的にとらえられることも少なくなかった頻繁な**転職**について，そのたびに誠実に人とかかわり，本人の内面的豊かさに資する場合もあるという見方をとる必要性も提案されています。

　一方，専門性の高い職業では，大学の課程が6年間であったり（例：医師，薬剤師），大学院の修士課程で学ぶことが求められたりします。さらに，専門的な研究をする仕事に就くためには，博士課程まで進学することになります。また，芸術などの道を追究しようとすると，安定した職場を得ることが難しいことも少なくないでしょう。

　このように，職業を一つとっても，ある程度の専門性を持って，あるいは自分の仕事を理解して，こなしていけるようになるという意味で，いわば「一人前」となるためにはそれなりの時間がかかります。20代後半，30代になって仕事が安定することは決して珍しくありません。一方，アルバイトや契約社員といった非正規雇用の労働条件の不十分さ，また，仕事に就いてから，過重な労働を課されて心身が不調になり退職する，さらには最悪の事態として過労死につながるようなこともしばしば報道されています。これらを考えると，現在の社会で，職業との関係の中でアイデンティティ，つまり「これが私だ」という感覚を確立することは，多くの困難と結びついている

---

[3] 本文の進学率とは計算方法が異なりますが，出身高校の所在する都道府県の比較から考えると，2010年時点で1位の東京都の73.3％に対し，47位の岩手県は33.5％となり（上山，2013），倍以上の開きがあります。

といえそうです。

1.6 まとめと次の章へのつながり

「大人になる準備」の時期である青年期は，職業選択をはじめとしたさまざまな変化が起きる時期です。そこでは仕事・就職先を持つことなどといわば「裏表」の関係で「自分は何者か」が問われ，また，その内容を他者に認めてもらうことが重要になると考えられています。これは，発達心理学では「アイデンティティ」という概念から考えられています。このことは青年期だけにかかわるものではなく，それまでの発達過程，そこからの発達過程と絡み合ったものといえます。

　次章では，青年期から成人期にかけてのもう一つの大きな変化といえる「家族」の形づくられ方から「大人になる」ことをもう少し考えてみます。

Q1.1

　　この章では，「自分を知る」ことがテーマの一つとなっていました。「自己像」を知る方法の一つとして，次のようなものがあります。この課題に取り組んで，あなたが自分自身をどのような存在として考えているか，まとめてみてください。

　　「自分のこと」で，あなたの頭に浮かんできたことを，下の「私は，……」に続けるようにして，10 個程度書いてみてください。どのようなことを書いたらよいとか，よくないとかいったことはありませんので，自由に書いてください。

　　1. 私は，_____

　　2. 私は，_____

　　3. 私は，_____

　　4. 私は，_____

　　5. 私は，_____

　　6. 私は，_____

　　7. 私は，_____

　　8. 私は，_____

　　9. 私は，_____

　10. 私は，_____

Q1.2

あなたは小学校，中学校，高校で，自分の将来の職業について考えたり体験活動をしたりするいわゆる「**キャリア教育**」としてどのような経験をしてきましたか？　その内容と，学校でのキャリア教育の意義や限界などについて，あなたの考えをまとめてみてください。

memo

1.3

この章でも説明したように，発達のあり方は社会的な環境によっても変わります。かつて，第2次世界大戦前の日本では「長男は家業（その家で代々引き継がれてきた職業）を継ぐものだ」というような職業の選択についての考え方が今より強く共有されていました。また，仕事に就いている人の半数前後が第1次産業（農業・林業・漁業など）を職業にしていました。「家制度」をキーワードに，第2次世界大戦前の制度や考え方を調べ（インターネットの検索でもある程度の情報が得られます），当時の「大人のなり方」と現在の「大人のなり方」の違いについて考えたことをまとめてみてください。

memo

A1.1

この方法は，自分についてこのようにさまざまな答えのできる簡単な質問をして，その答えを分析していくもので，「20答法」（Kuhn & McPartland, 1954）と呼ばれる方法をもとにしています（本来は質問への答えを20個を目標に書いてもらうため，このような名前がついています）。みなさんの答えはどのような内容だったでしょうか。

この方法を用いた研究（日原・杉村，2017）によると，①性格（例：正直だ），②社会的役割・所属（例：大学生），③身体的特徴（例：身長170cmだ），④好み（例：うどんが好きだ），⑤活動（例：本を読む），⑥自己評価（例：数学が得意），⑦願望（例：教師になりたい），⑧現在の状況（例：お腹がすいた），といったさまざまな内容が答えにあらわれます。また，小学生から大学生までの変化をみると，①の性格の特徴など自分の特性に関する記述が増える傾向があるといわれています（山田，1989）。つまり，自分自身の内面的な特徴に目が向くようになるといえるでしょう（このことは第10章であらためて考えます）。

さて，ここで出てきた答えは，あなた自身に見えている「自分」の姿です。しかし，あなたには見えていないけれど，周囲の人には見えている「自分」の姿もあるのではないでしょうか。たとえば，自分ではそんなことを一度も考えたことがないけれど，周りからは「おしゃれ」だと思われている，というようにです。これを整理するために「ジョハリの窓」と呼ばれる表1.1の図式を使うことができます。

みなさんが課題で記入した内容は，おそらく（他の人も知っている）「開放領域」と，もしかしたら（今まで他の人には話したことがない，あるいは，そう思われていなかった）「遮蔽領域」の一部でしょう。しかし，あなた自身には，自分では気づいていない部分もありますし，周囲にもわかっていない未知の側面もあることになります。本文で説明した「自分づ

表 1.1　ジョハリの窓

		自分が	
		知っている	知らない
他人が	知っている	開放領域 （自分も他人も知っている）	盲点領域 （自分は知らないが他人は知っている）
	知らない	遮蔽領域 （自分は知っているが他人は知らない）	未知領域 （自分も他人も知らない）

「ジョハリの窓」は，1955 年に心理学者のジョセフ・ルフトとハリー・インガム
が提案したモデルをもとにしており，この 2 人の名前から「ジョハリの窓」と呼
ばれます。

くり」は，さまざまな人とかかわり，新たな経験をする中でそんな「自
分」を知っていくことかもしれません。

A1.2

　筆者が中学生・高校生だった 1980 年代後半から 90 年代初頭には，学校
の行事として，自分の将来や職業について考えることはあまり熱心に行わ
れていなかったように思います。中学校で，さまざまな職業の内容とその
職業の「なり方」を紹介する本を読んでグループ発表をしたり，高校の行
事で会社の見学をしたりした記憶がある程度です。大学入学後も，大卒者
の求人が多かったいわゆる「バブル期」の直後だったこともあってか，今
ほどには「キャリア形成」や「自己分析」は強調されていませんでした。
　現在では，たとえば中学校で，実際に職場に数日間出向いてその内容を
経験するような職場体験が実施されるようになりました。また，大学でも，
「キャリア支援室」などの体制が広げられ，各企業の「インターンシップ」
が盛んに行われたり，キャリア意識を深めるような講義を 1 年生から受講
したりすることが行われています。実際に職場にふれながら自分の将来を
考え，継続的に理解を深めていくこうしたキャリア教育には，もちろん効

果的な側面もたくさんあるでしょう。みなさんの中にも，こうした行事を
きっかけに将来のことを考えた人がいるかもしれません。

　しかし，内容によっては，必ずしも有効ではないと思われる場合もあり
そうです。たとえば，児美川（2013）は，キャリア教育の専門家として，
中学校や高校でのキャリア教育について「『やりたいこと』探しには熱心
なのに，その『やりたいこと』が実現可能かどうかについての探求（判
断）は，基本的に個人に任されている（ように思われる）」点を，「キャリ
ア教育に違和感を持ってしまう点」と述べています。「生徒の希望と『現
実』との"折り合い"をつけさせる役割」が十分働いていないというので
す（pp.82-84）。

　確かに，将来を考え仕事を決めていくことは，本人の希望というエネル
ギーを必要としますが，同時に，さまざまな厳しい条件との関係で「解」
を見つけることで実現することでもあります。中学生からその難しさを体
験する必要はないかもしれません。しかし，学校での学習とも結びつけて
いくためには，工夫できることも少なくないようです。

　児美川（2013）は，こうしたキャリア教育について，自分の「やりたい
こと」だけでなく，「やれること」「やるべきこと」にも十分目を向けるこ
と，また，職場体験は一過性のイベントでなく，その仕事の流れや社会的
分業の中でのその仕事の位置づけなどを理解するための十分な事前・事後
の学習が必要，と述べています。

A1.3

　戦前の日本では，民法でいわゆる「**家制度**」が定められていました。た
とえば，生まれた子どもは原則として父の「家に入る」こと，一家を統率
する「戸主」が存在し，それを相続するのは男性の長子（長男）が優先さ
れること（あくまで「優先」で，長子でないといけないわけではない）な
どが法律で定められていました。現在でも，「長男だから家業を継ぐ」と

考える人はいますが，その根拠が法律でも定められていたわけです。戸主は，家族の扶養の義務を負うとともに，大きな権限を持ち，たとえば婚姻や養子縁組などについても同意権を持っていました。つまり，家族の中の立場や権限の大きな違いが，法律で決められていたわけです。参政権をはじめ，男女に与えられる権利や期待される役割にも大きな違いがありました。さらに，農業など第1次産業が職業の中心であれば，生まれ育った地域とまったく別の地域で暮らすことは今よりも難しいことだったといえるでしょう。

　このような社会の中では，「大人になる」「家族になる」ことの意味や基準も今とはだいぶ異なっていたと考えられます。つまり，かつては生まれながらに，性別やきょうだいの順位などによって，職業など期待される人生の送り方，家族の中での役割などがより明確に決められていたといえます。もちろん，それはさまざまな葛藤や生きづらさを生んでいたと考えられます。しかし，本文で説明した「さまざまな職業の中で自分に何ができるかを試しながら悩む」余地は相対的に小さかったでしょう。

　家制度は，第2次世界大戦後の日本国憲法制定の際，法律から消えることになりました。また，その後の日本の経済発展の中で，仕事や働き方が大きく変わりました。代々受け継いだ土地やその近辺で，農林水産業で暮らすライフスタイルは減り，サービス業（第3次産業）で暮らす人が増え，また，人口はいっそう都市に集中することになりました。

　個人の生き方が重視されるようになり，性別や出生順による制約が少なくとも法律上はなくなった社会では，「どう生きるか」が個々の考え方次第とされることが増えます。さらに，産業の構造が変わり「家の仕事を継ぐ」という以外の考え方が強くなったこと，長期にわたって学び，仕事につくことが増えてきたことも，個々の生き方に関する，過去とは異なる難しさをもたらしているといえるでしょう。

参 考 図 書

白井 利明（2014）．社会への出かた——就職・学び・自分さがし——　新日本出版社

　青年心理学者の著者が，職業との関係を中心に，現在の青年のあり方についてさまざまな角度から分析しています。非正規雇用や自分探し，親子の関係のあり方など，具体的な例を挙げ，社会への提言も含めて論じられています。

溝上 慎一（2010）．現代青年期の心理学——適応から自己形成の時代へ——　有斐閣

　心理学研究だけでなく，日本と世界の教育の歴史的な流れや社会の変化について説明しながら，「青年とは何か」「青年期とは何か」について，また，現代の大学生にとっての課題は何かについて詳述されています。

第2章 結婚と家族
——成人期の発達

　結婚すること，新たな家庭を築くことは，人生の中でとても大きなイベントの一つといえるでしょう。結婚式や新婚旅行などから，華やかで幸せなイメージを持つ人もいるでしょうし，自由な暮らしができなくなるというイメージを持つ人もいるでしょう。

　いずれにしても，結婚や子育てについては，今の社会の中で，まさに現在進行形でそのあり方が変わり，多様化しています。このことについて，まずは結婚の年齢や結婚する人の比率といった資料から考えていきましょう。

2.1　結婚に関するさまざまな変化

　青年期から，それに続く**成人期**の時期に重要になることとして，アイデンティティと並んで発達心理学でしばしば挙げられるのが，結婚し配偶者を得ることです。第1章で紹介したエリクソンの発達理論では，前成人期の危機として「親密 対 孤立」という対立関係が挙げられています。「結婚」という社会的な決まりに従うかどうかはともかく，アイデンティティを形成した後には，他者との親密な関係を築くことが発達の主題とされるわけです。しかし，この点についても，職業に就くことと同様，ここ数十年の間に大きな変化が起きています。

　図2.1は，年齢ごとに日本の男女の「**未婚率**」[1] の推移を示しています。1975年までのデータでは，20代後半の女性の8割近く，男性でも半数が結婚を経験しています。30代後半では，男女とも未婚率は5%程度でした。つまり，このころには，結婚する人の割合がとても高く，特に女性はその多くが20代のうちに結婚していたことになります。これに対して，近年のデー

---

[1] 未婚率は一度も結婚したことがない人の割合をさします。

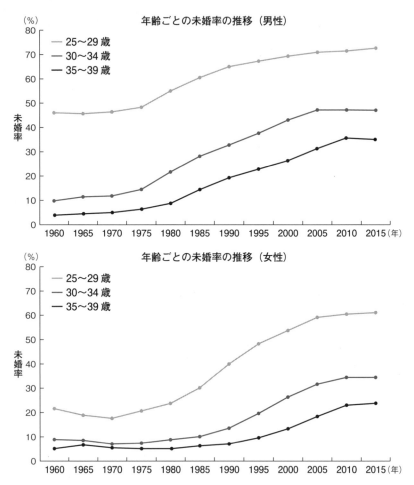

図 2.1　年齢ごとの未婚率の変化（男性・女性）
（内閣府『平成 29 年版　少子化社会対策白書』より作図）

1960 年から 1975 年ごろまでは，男性では 25〜29 歳のほぼ半数，30〜34 歳では 9 割近くが結婚している（あるいは結婚の経験がある）人で，女性では 25〜29 歳でこの割合がほぼ 8 割，つまり，未婚率が 2 割程度でした。これに対して，現在では各年齢層で未婚率がそれぞれ大幅に上昇しています。

タでは，20代後半での結婚経験者は女性の40%，男性では30%弱です。そ
して，30代後半でも，女性の4分の1弱，男性の3分の1強が結婚を経験
していません。つまり，この40年ほどの間に，結婚する年齢が上昇すると
ともに，全体の中で未婚の人の割合が大幅に増えたことがわかります。

　たとえば，「十分な収入がないため，結婚したくてもできない」というよ
うに，働くことと結婚のあり方には密接な関連が想定できます。しかし，そ
れだけでなく，価値観の変化も結婚の多様化と結びついていると考えられま
す。かつての，30代までに9割以上が結婚していた社会では，「結婚して一
人前」という考え方がかなり共有されていた（「望ましい」発達過程につい
て社会的な方向づけをしていた）と考えられます。逆に言えば，望むと望ま
ざるとにかかわらず，周囲から結婚することを強く求められていたといえる
でしょう。そして，夫は外で仕事をして，妻は家で家事や育児をするといっ
た**性別役割分業**の考え方も広く共有されていました。

　これに対し，近年は多様な生き方が選べるようになったともいえます。最
近では，欧米の社会を中心に，異性間だけでなく，同性のパートナーとの関
係も法的に認められるようになってきています[2]。「結婚」についての考え方
は今後さらに多様化することでしょう。

　もっとも，現代でも性別の役割に関する考え方が消えたわけではないよう
です。**図2.2**は，日本で18歳から34歳の未婚の男女が結婚相手に求めるも
のについて調査した結果です。1997年に比べ，わずかに変化が生じてはい
ますが，2015年でも，女性が男性の経済力や職業をかなりの割合で条件と
して考慮ないし重視するのに対し，男性の側にはそうした期待は弱いことが
読みとれます。また，自分の昇進希望について，「部長クラス以上」を希望
する割合が，女性は男性のおよそ3分の1という調査結果もあります（安田，
2012）。こうした考え方の違いは，男性にとって今でも，「自分が主な稼ぎ手

---

[2] たとえば，2015年6月26日に，アメリカの連邦最高裁判所で同性婚を憲法上の
権利として認める判断が示されました。

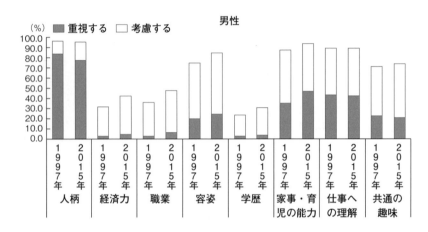

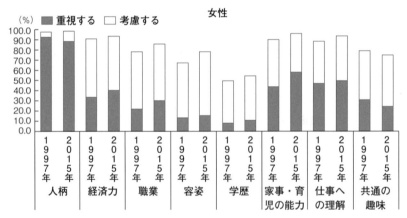

図2.2　「結婚相手の条件として考慮・重視するもの」（男性・女性）

　（国立社会保障・人口問題研究所「出生動向基本調査」（第11回・第15回）より作図）

「いずれ結婚するつもり」と回答した18〜34歳の未婚者（1997年：男性3,420人，女性3,218人，2015年：男性2,319人，女性2,296人）に，結婚相手を決めるときに，挙げられた各項目のそれぞれについて，「重視する」「考慮する」「あまり関係ない」の3つの選択肢から選ぶよう求め，「重視する」「考慮する」を選択した人の割合。

「人柄」「家事・育児の能力」「自分の仕事への理解」などが重視されるのは男女とも共通していますが，「経済力」「職業」「学歴」などには性別による違いがみられ，女性で高い（つまり相手の男性について重視する）傾向がみられます。

になるべき」という意識と結びついていると考えられます。

2.2　出産・子育てと仕事

　ここまで説明してきたように，就職や結婚など，青年期から成人期と呼ばれる時期の発達の中で重要になることは，社会の変化の中で大きく変わってきました。「大人になる」ことについて，多くの人にあてはまる標準的な（言い換えれば「ふつう」のこととして共有された）過程があるわけではなく，多様性が広がってきたともいえます。

　こうした変化は，家庭の形，たとえば出産の時期や子どもの数にもみられます。かつてもっとも年齢別出生率の高い年齢層は20代後半（25〜29歳）であったのが，2005年から30代前半（30〜34歳）に変わっています。また，30代後半に出産する女性の数も増えてきています（厚生労働省「令和元年（2019）人口動態統計（報告書）」）（Q2.1，A2.1）。一方，1人の女性が一生の間に産む子どもの数を予測する値である**合計特殊出生率**は，日本では国の人口が維持できる値（およそ2.07）を大幅に下回っています（2015年で1.45）。こうした傾向は，多くの国でみられますが，その状況には差があり，2015年でいえば，日本よりもこの値が高い国としてフランス（1.92），スウェーデン（1.85），アメリカ（1.84）などが挙げられ，値が低い国として韓国（1.24）があります（内閣府「平成29年版少子化対策白書」）。

　一般的に，子どもの数が減ることは，国や社会の人口構成の中で「**少子高齢化**」が進むことと結びつきます。そのようなこともあって，出産や子育てをサポートする種々の制度がつくられています。たとえば，子育てに関する相談を受ける窓口の整備をしたり，子育て支援員制度をつくったりすること，希望しても保育所に入ることができない，いわゆる**待機児童**を減らすためのさまざまな施設の拡充，長時間の労働を減らしたり，柔軟な働き方を実現したりするための制度づくり，などです（Q2.2，A2.2，Q2.3，A2.3）。上で挙げた，合計特殊出生率が比較的高い国々では，こうした制度づくりに比較的

長い間取り組んできたことも，出生率の高さの原因の一つと考えられています。

　また，2.1 節でも説明したように，かつて日本では男性が経済的な側面を支え，女性は育児や家事を担当するという価値観が比較的多くの人に共有されていました。そうした背景もあって，日本では，30 代を中心とする時期に，女性の就業率が低下する現象（その形から M 字カーブと呼ばれます）が，諸外国に比べ明確でした。仕事をすることを希望する女性の割合は就業率ほど低下しておらず，子育てと仕事の両立の難しさも，こうした特徴の背景にあると考えられています。

2.3　子育てをめぐる心理学研究

　このように，仕事と子育ての両立について考えたときに，「そんなことを言っても，幼い子どもを保育所に預け，親と一緒の時間が減ることで子どもの発達に悪影響がないだろうか」とか「子どもは女性が育てるべきではないか」と考える人もいるかもしれません。こうした点は，発達心理学でもある程度検証がなされてきています。

　まず，性別について考えてみます。女性には子育てのための特別な力（いわゆる「母性」）が備わっているとして，女性が子育てをすべきとする意見があります。しかし，たとえば，赤ちゃんが泣いている様子に対する心理的・生理学的な反応を調べたり，父親が子育てをした家庭の子どもの発達を長期的に調べたりする研究からは，女性であることが特段親としての有能さと結びついていることを示す証拠はないと考えられています（Schaffer, 1998 無藤・佐藤訳 2001）。

　ただ，これらの研究は，子どもに関する感じとり方に個人差があることを否定するわけではありません。つまり，子どもとのかかわりが的確でスムーズな人と，それが苦手な人はいるようです。それは経験によっても決まってきますし，近年の研究では，新生児の泣き声に対する生理的反応（心拍の上

昇）の違いに，遺伝的な要因がかかわっていることを示唆するものもあります（Out et al., 2010）。このようなことを考えると，性別によって子育ての力が違うというように簡単に説明できる問題ではないことがわかります。

　幼い子どもが保育所などで過ごすことの影響についても研究が積み重ねられてきています。多くの研究が行われている欧米と日本を比べると，保育のしくみや基準などが大きく異なるので，研究結果の解釈に注意が必要ですが，たとえば子どもが周囲の人たちとつくる関係の質については，十分な環境のもとでは，保育所で保育を受けることの悪影響はないと考えられています（数井，2005）。その条件とは何かというと，衣食の配慮や，十分な物的環境はもちろんですが，たとえば子どもが感情的に混乱したときは特定の人になぐさめてもらえる，という感覚が持てることなど，心理的な側面も重要です（遠藤，2012）。保育者が次々と入れ替わるようなことがなく，1人の保育者に対する子どもの数が多すぎないなど，子どもが周囲の大人と安定した関係をつくれる条件があることは重要でしょう（第5章参照）。

　これらの研究結果からは，「女性が育てるべきかどうか」とか「保育所に通うべきかどうか」といった問いの立て方自体を見直す必要があることがわかります。家族の中では，それぞれの持ち味をふまえて子育てを分担することが，結果として子どもに良い環境をもたらすことになると考えられます。また，家庭であれ保育所であれ，子どもにとって必要な環境・関係が提供されているかという観点が大切になるといえます。そうした具体的な環境や条件を評価せず，特定の子育てのあり方が望ましい・望ましくないと決めることはできないのです。

　一方，**経済的環境**の厳しさがその後の子どもの知的・社会的発達に悪影響を及ぼすことは，数多くの研究で示されてきています。特に日本では，ひとり親などの子育て環境が経済的な面できわめて不利になることが指摘されています（藤田，2012）。こうした困難を乗り越えて，子どもの発達と家族を支援するためには，家庭や地域での多様な**子育て支援**や，保育制度の拡充，経済的に困窮している家庭への経済的支援や就業の支援，子育ての相談がで

きる機関の増加など，多様な施策が必要になると考えられます。また，こうした対応や施策は，経済的困窮も密接に関連しているとされる児童虐待[3]を防ぐためにも必要です。

2.4　子育てによる親の変化と子育ての意義

　この章では，結婚や子育て，つまり家族のあり方について，社会の中の考え方や，経済的な要因との関係をふまえて考えてきました。しかし，結婚や子育てのための十分な経済的余裕があっても，結婚を望まない人もいれば，とにかく家庭を築くことを優先する人もいるように，結婚や子育てに関する判断は，そうした社会的，経済的な要因だけにもとづくものではありません。個人がその意義をどのように考えているかも影響します。

　現在，子どもを自分の老後を養ってもらうための存在と考えている人は少ないでしょう。もちろん，子どもに経済的な役割がないとはいえませんが，むしろ，子どもの存在に「楽しさ」や「親としての成長」を見出す人が多いのではないでしょうか。柏木・若松（1994）は，親になったことによる変化についての調査を行いました。その結果からは，親になることをめぐって，視野の広がり（例：日本や世界の将来について関心が増した），生きがい（例：長生きしなければと思うようになった），自己抑制（例：他人の迷惑にならないように心がけるようになった）といった変化が挙げられました。子どもを育てることで新たに経験できる世界があること，自分の中にそれまでとは異なる考えや行動があらわれることなどが示されたといえるでしょう。この調査は 1992 年に実施されたものですが，このような感覚は現在の子育てにも共通点があるといえます。

　一方で，子育てはポジティブな経験ばかりをもたらすわけではありません。

---

[3]「児童虐待」には大きく 4 つの類型があるとされています（厚生労働省「子ども虐待対応の手引き」）。具体的な内容は第 5 章 Q5.3，A5.3 で取り上げていますので参照してください。

これまで説明した仕事との両立は，親として悩ましい問題となりますが，それ以外にも育児でのネガティブな経験に関する研究は数多く行われています。たとえば，乳児期を中心に，母親が自分の子どもを「イヤだと思う」経験や，その理由として考えることをたずねた研究（菅野ら，2009）では，さまざまなことが挙げられています。「なんで泣いているのかわからない」「何をしてほしいのかがわからない」といった途方にくれるような経験や，自分が疲れているときに「早く寝てくれないかな」などと，母親としての「資源の有限性」を感じることもあります。また，子どもの動きが活発になると，たとえば「触っちゃだめっていうものを触りたがる」ことについて，「言っても仕方がない」と思いつつ，困ってしまうなど，子どもの発達的な変化に伴って，親として悩ましい問題も変化していきます。病気や発達への不安などが生じることも少なくありません。

　このように，子育てにはさまざまな側面があり，個人によって多様なとらえ方がなされます。徳田（2004）は3歳までの子どものいる母親が，子育てをどのようにとらえているかを分析しました。その結果では，子育てを「自明で肯定的なもの」としてとらえる人だけでなく，子育て後の生き方への不安などを含む「小休止」としてとらえる人や，「修行」のような「成長課題」としてとらえる人などがみられています。

2.5　まとめと次の章へのつながり

　40～50年前と比べても，現代では，職業に就く過程や働き方，結婚や家庭についての考え方などに大きな変化が生じています。その中には「青年期が長期化している（これを「青年期の延長」と呼んだりします）」ことと「（結婚のあり方に象徴されるように）生き方の多様性が明確になっている」ことが含まれます。これらは，日本の社会の大きな変化とともに起こっています。子安（1996）は，20歳で成人することが法的に定められた時代（明治時代）に比べ，平均寿命が1.5倍になったこの時代では，「30歳で成人」

と考えても何らおかしくはないと述べています。

　こうした社会の中で，子育てをすることは，自分の成長のためという意義も見出せる一方で，さまざまな困難もはらんでいます。それを克服するためには，個人・社会が子どもにとって適切な環境を整えていくことが必要となります。

　では，子どもにとって適切な環境を，具体的にどう考えたらよいのでしょうか。この点を考えるためには，子どもの成長を誕生から理解することが必要になります。次章からは，生まれたばかりの乳児期から順に，子どもの発達について心理学的に理解していきます。

Q2.1

『サザエさん』（長谷川町子原作）は，長年にわたり放映されてきた，日本の家族を描いたテレビアニメとして有名です。登場人物（サザエさん，波平さん，マスオさんなど）には具体的に年齢が設定されていて，サザエさんは 24 歳，波平さんは 54 歳，マスオさんは 28 歳です（フジテレビのウェブページによる，2021 年 9 月 19 日閲覧）。これはおそらく，みなさんがテレビで見るサザエさん一家のイメージとは少し異なるのではないでしょうか。その理由を，この章の内容（2.1 節，図 2.1 など）をもとに説明してみてください。

memo

2.2

現在，自治体や地域で，保育所の設置などとは別に，さまざまな「子育て支援（子育てサポート）活動」が行われています。自分の住む地域でどのようなことが行われているかを調べ（自治体のウェブページなどに掲載されています），どのような効果がありそうか，限界や課題としてどのようなことがありそうか考えてみてください。

memo

Q2.3

現在の日本では，都道府県によっても出生率や女性の就業率が異なっています。本文中で説明した，「合計特殊出生率」について，2017 年のデータ（総務省統計局「統計でみる都道府県のすがた 2020」）をもとにみると，高いほうから沖縄県（1.94），宮崎県（1.73），島根県（1.72），長崎県（1.70），鹿児島県（1.69）の順になります。低いほうは，東京都（1.21），北海道（1.29），宮城県・京都府（1.31），奈良県（1.33），千葉県・神奈川県（1.34）の順となっています。

女性の就業率について，たとえば，15～64 歳で仕事をしている人の割合は，男性がおよそ 80％前後（全国平均 81.4％）であるのに対して，女性は平均で 63％，福井県（71.3％），石川県（70.3％），山形県（70.2％）などで高く，奈良県（56.8％），兵庫県（57.7％），大阪府（59.8％）などで低くなっています（内閣府「平成 27 年版 男女共同参画白書」，データは 2012 年のもの）。結婚している女性に限ってみたときでも同様の差があることがわかっています。

地域によってこうした数値が異なる理由を複数考えてみてください。

memo

2.1

　みなさんの持つイメージと比べると，『サザエさん』の登場人物に設定された年齢は，少し若すぎると感じられるのではないでしょうか。たとえば，3歳のタラちゃんの母親であるサザエさんは30歳前後，その両親である波平さんとフネさんは60歳くらいで，波平さんやフネさんの服装などからは，それ以上に年上という感じもします。

　しかし，この年齢は，『サザエさん』が登場した年代やテレビで放映され始めた時期を考えればさほど不自然ではありません。『サザエさん』の原作は新聞に連載されたマンガで，その登場は1946年，テレビアニメ化されたのは1969年です。登場人物の年齢がいつどのように設定されたものか，はっきりとはわかりませんが，仮にテレビアニメが放送開始されたときに設定されたとしたら，図2.1にあるように，20代後半の女性の未婚率が20％を切っていた時代，つまり，多くの女性が25歳になるまでに結婚していた時代です。サザエさんが24歳であることはその背景を考えれば納得できます。イクラちゃんの母親のタイコさんは22歳くらいという設定ですから，2人とも20歳前後で結婚・出産していることになります。同じく図2.1にあるように，現在では30代前半の未婚率が全体の3分の1くらいになっていますので，サザエさんに30代のイメージを持つのも当然のことといえるでしょう。

　つまり，『サザエさん』の設定は，放映開始時の日本の「家族の成り立ち」や「大人へのなり方」を考えれば，今感じるほど不自然ではないのです。男性が外で働き女性は家事をする，これもかつての日本で標準的と考えられていた家族像も描かれています。一方，サザエさん一家のような，祖父母から孫までの3世代の同居は，現在ではあまりみられません（2016年で全世帯中の5.9％，核家族（夫婦のみ・夫婦と未婚の子のみ・ひとり親と未婚の親のみの合計）は60.5％，厚生労働省「平成30年 グラフでみ

る世帯の状況」）。

　これに対して，『サザエさん』の中で，第1章のQ1.3，A1.3で説明したような「家制度」のようなものは明確ではありません。たとえば，カツオが「磯野家の跡継ぎ」として特別扱いされるようなことは，筆者の知る限り，描かれていません。これらのことから，テレビ放映開始当時の感覚では，『サザエさん』は現代的な家族像を描いていたともいえそうです。「大人になる」ことと「家族になる」ことの形は，時代の中で大きく移り変わっているのです。

A2.2

　筆者は現在，関西地方の，自治体としては小規模な町（人口2万4,000人ほど）に住んでいますが，そのウェブページを見ると，小さな町であってもさまざまな子育て関係の施策が行われていることがわかります。検診や予防接種のような，いわば一律に実施される内容だけではありません。「子育て支援センター」が設置され，保健師さんが，妊娠・出産・子育てについて相談を受けたり，他のさまざまな機関を紹介したりしていることがわかります。あらためて「相談」の形をとらなくても，「広場」や「おしゃべりカフェ」といった名前で，特に乳児期・幼児期の子どもを持つ家族が参加して話をしたり，相談したりできる場所もつくられています。「母子」だけでなく「父子」を対象とした企画も複数あります。もちろん，保育所や幼稚園，認定こども園も，幼い子どもを育てる家族にとって，さまざまな意味で役立つものです。

　出産や子育ては，一生に何度も経験することではありませんし，周囲に頼れる人（たとえば子どもの祖父母にあたる人）がいないケースも少なくありません。マスコミやインターネットには，子育てに役立つ情報だけでなく，不安につながる情報も多くあふれています。上に書いたようなさまざまな施策は，こうした中で，子育てが少しでも不安なくできるように，

個別の事情に合わせて気軽に相談したり，お互いの経験を共有できたりするしくみといえるでしょう。また，その中で，より専門的な機関に紹介したほうがよい場合も，素早く対応がとれるでしょう。

　一方で，こうしたことの限界も考えられます。たとえば，こうした公的な場所は，時間的に，あるいは経済的にもある程度余裕がある人のほうが利用しやすいといえます。子育てに悩んでいる人の中には，そうした場所に行く時間ができなかったり，自分の子育ての問題点を指摘されるのではないかと不安になり，利用しにくかったりする人もいると考えられます。また，客観的にみると支援が必要な状態でも，そのことについて十分気づけない場合もあると考えられます。

　そうした場合は，家族の来訪を待つのではなく，むしろ各機関の側から積極的にアプローチする必要性も考えられます。このようなアプローチを「アウトリーチ」と呼びます。ただし，そうした方法をとっても，支援から距離ができてしまう人はゼロにはなりません。個に合わせた支援を進めることの難しさといえるでしょう。

A2.3

　合計特殊出生率の地域差については，さまざまな分析がなされています。たとえば，保育サービスの地域による違い，3世代同居の比率などが挙げられることが少なくありません。都市部では保育所への入所ができない，いわゆる「待機児童」が多く，また，核家族化のために祖父母世代に頼ることが難しい場合が多いことなどを考えれば，これらの要因とのある程度の関連を予測できます。こうしたことから，大都市圏で低い傾向がみてとれます。しかし，秋田県（1.35，39位）や新潟県（1.41，37位）・青森県（1.43，36位）など，地方によっても比較的低い順位となる県があり，単純に都市部かどうかということでは説明がつきにくいところです。

　女性の就業率は，都市部で低く地方で高い傾向はみられますが，東京都

の就業率は全国平均を上回っているなど，これも1つの要因では説明でき
ないようです。内閣府の分析では，大都市や都市近郊の男性の長時間労働
が多い地域で女性の就業率が低い（男性が長時間労働するのに対し専業主
婦として家事をすることが多い）可能性や，性別役割分業意識の影響（家
庭の理想として「夫が外で働き，妻は家庭を守る」という考え方を肯定す
る人が多い地域では，上のような傾向が強い）などが挙げられています。

　成人期といわれるこの時期の発達過程は，社会的・経済的要因と深くか
かわることは，本文でも説明した通りです。しかし，上の地域差を1つの
理由で説明できないことは，各地域によって，さらには各家庭でも子育て
や就労にかかわる要因が複雑に組み合わさっていることをあらわしていま
す。

参 考 図 書

大坊 郁夫・谷口 泰富〔編〕（2013）．クローズアップ 恋愛　福村出版

　「恋愛のプロセス」「恋人と友人の境界」「出会い，告白」「結婚」など，恋愛・夫婦・家庭に関する 25 のトピックに関して，さまざまな心理学研究が紹介されています。

平木 典子・中釜 洋子・藤田 博康・野末 武義（2019）．家族の心理──家族への理解を深めるために──　第 2 版　サイエンス社

　「家族とは何か」という根本的な問いから，青年期の発達，夫婦関係や子育てなど，家族に関する研究結果を紹介しています。さらに臨床的な支援についてもまとめられています。

第3章

赤ちゃんが
世界を知る力

　赤ちゃん¹の育ちというと，まずは「首がすわる」「ハイハイする」など，身体面の成長が注目されることが多いのではないでしょうか。しかし，まだことばを発することのない時期から，赤ちゃんはさまざまな力を使って自分の身の回りのことを理解し，周囲の他者とかかわっていることが，これまでの発達心理学の研究からわかってきています。この章では，1歳の誕生日を迎えるまでの子どもたちが，周囲の世界を理解するためのどのような力を持っているのか，それをどのように使っていくのかについて紹介します。

3.1　身体の発達と心の発達

　みなさんは生後すぐの赤ちゃんを見たことがあるでしょうか？　「かわいい」とか「小さくて壊れてしまいそう」など，いろいろな感想を持つことでしょう。多くの赤ちゃんはここからほぼ1年間の間に，何とか自分一人で立ち上がり，初語を発するまでに成長していきます（図3.1）。

　乳児期の発達では，身体の育ちが，自分がかかわり，理解する世界を広げていくことと密接につながっています。たとえば，生後1～2カ月の赤ちゃんの手の様子（図3.2）やその動きを見ると，少なくとも大人と同じように，自分の意図にもとづいてものをしっかりつかみ，動かしたりできるようには見えません。個々の赤ちゃんによる差もかなりありますが，ものをつかんでそれを振るようになるのは，おおむね5か月くらいより後のことです。これだけでなく「首がすわる」「ハイハイができる」「つかまり立ち」など身体の成長は，赤ちゃんが見ることができる世界，身体を使ってかかわれる世界を

---

¹ 1歳の誕生日を迎えるまでの時期は「乳児期」と呼ばれます。この本では，この時期の子どもを「赤ちゃん」ということばでも表現します。

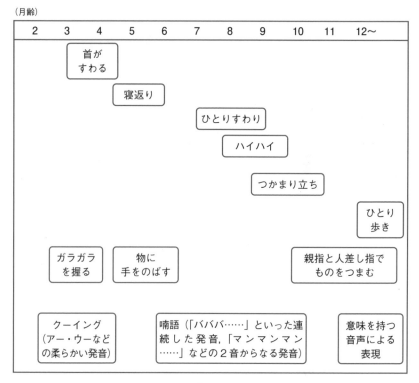

図3.1　生後ほぼ1年の間にみられる赤ちゃんの身体やことばの発達の例（厚生労働省　母子健康手帳省令様式（令和2年10月施行）；小椋，2005；上田，1983をもとに作成）
それぞれ，多くの赤ちゃんにみられるようになる時期の目安を示しています（Q3.2，A3.2も参照）。

広げることを可能にします。

　つまり，これらは単なる身体の成長ではなく，赤ちゃんが世界を知っていくことと切り離せません。赤ちゃんは成長後のようにことばを使って考えるわけではありませんが，あえてことばで表現するなら「ガラガラを握るときにはこういう力の入れ方」とか「この人形は柔らかいから，こんなふうに握る」というように，身体の成長とともに，ものの性質を知り，それとのかかわり方を身につけていくといえます（Q3.1，A3.1）。また，この後第4章，第5章で紹介するように，人とのかかわり方も発達していきます。

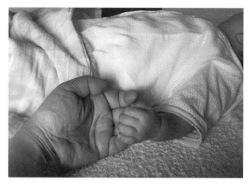

図 3.2 **生後 6 週の赤ちゃんの手（大人の手との比較）**（筆者撮影）

　さて，発達心理学の歴史の中では，その研究のはじまりの時期から，子ど
もたちが周囲のものを理解したり，それについて考えたりすることの発達
（心理学ではこれを「**認知発達**」という研究領域で扱います）に関する理論
が考えられてきました。1920 年代から 1970 年代まで多くの研究を発表し，
発達心理学研究に大きな影響を与えた心理学者であるピアジェ（Piaget, J.）
の理論では，このような乳児期から 2 歳までの時期を**感覚運動期**という語で
呼びます（Piaget, 1970 中垣訳 2007）[2]。この用語も，自分の身体の運動を通
して対象を理解するという考えを背景にしたものです。

　このような発達の過程は，周囲の環境によってある程度差があることが示
されています（**Q3.2**，**A3.2**）。さらに，研究を通して，単に赤ちゃんの様子
を観察することからは想像しにくいことまで，赤ちゃんが理解しているらし
いこともわかってきています。次に，そのような赤ちゃんの力を，どのよう
な方法で探り，どのようなことがわかっているのかを紹介していきます。

---

[2] ピアジェの理論ではこの後の認知発達の過程を，前操作期（およそ 2 歳から 7 歳
前後，第 7 章参照），具体的操作期（7・8 歳から 11・12 歳ごろ，第 9 章参照），形
式的操作期（11・12 歳ごろから，第 9 章参照）に分けて考えます（Piaget, 1970 中
垣訳 2007）。

3.2　赤ちゃんの心をさぐる

　3.1節で説明した身体的なかかわりとともに，赤ちゃんは聴覚や視覚など
の感覚も使って，自分の周囲のことを理解していきます。しかし，生まれて
すぐの時期に，周囲のものがはっきり見えているわけではないようです。乳
児期の視覚は，近視の人が遠くを見るように，細部を識別して見てとること
はできず，生まれた直後には色についても十分識別されていないようです。
識別されるようになる時期は色によって違いますが，あらゆる色の識別がで
きるようになるのは，生後4カ月ごろと考えられています（山口・金沢，
2008）。

　ところで，ことばで質問したり答えてもらったりできない赤ちゃんに世界
がどのように見え，何に注目しているのか，どうやって調べるのでしょうか。
そのための方法として多く用いられるのは，赤ちゃんが見せられたものにど
のように反応するか，特にそれを見ている時間の長さを実験的に調べて推測
する方法です。この方法による初期の研究であるファンツ（Fantz, 1961）の
実験では，乳児の目の前に図3.3のような模様を示し，どのような模様をよ
り長く見つめるかを比べました。その結果，単色で塗りつぶされたものに比
べて，顔の形，活字など，より複雑な模様を見ている時間が長いことがわか
りました。このような実験からは，赤ちゃんは見せられた刺激を区別し，そ
の中には長く見る傾向のある刺激，解釈するなら「興味を持つ」刺激とそう
でないものがあることがわかります。

　このような，刺激を見せたときの反応の違いを調べることで，赤ちゃんが
わかること，できることについてさまざまなことが調べられています。先ほ
ど説明した，赤ちゃんがどれくらい明確に像をとらえているか（視力）につ
いては，赤ちゃんの目の前に太さが異なる細かい白黒の模様と単純な灰色を
並べ（図3.4），それに対する赤ちゃんの反応から，どれくらい細かい縞模
様まで区別して反応するか（より細かい＝複雑なものを長く見るか）を調べ
て，そこから視力を推測する方法が用いられます（山口・金沢，2008）。並

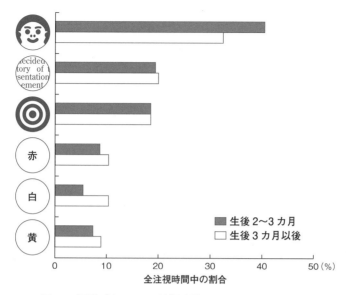

図 3.3 **図形パターンへの注視時間**（Fantz, 1961 から作図）

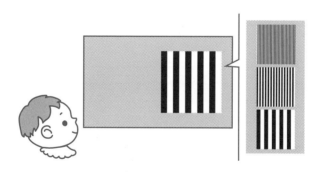

図 3.4 **赤ちゃんの視力（縞視力）を測る実験**（山口・金沢, 2008）
赤ちゃんが縞模様と灰色を区別できれば，右側に注目します。

べられた２つの刺激への反応が変わらなければ，縞模様は灰色と同じように見えていてその刺激は識別できていない（それ以上細かいものについて識別する「視力」がない）と考えるわけです。

　赤ちゃんが持つ感覚の中では，口も，ものの性質を知る力を早くから発揮

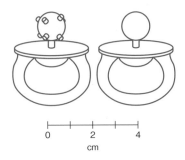

図3.5　メルツォフとボートンが実験で用いたおしゃぶり（Melzoff & Borton, 1979）

するところと考えられています。生後すぐの赤ちゃんの手やその動きからは，「ものの硬さや手触りを知る」「しっかり握ってみる」などが難しいことがわかります。一方，口は比較的敏感な感覚を持つようです。赤ちゃんが何でも口に入れてしまって困るという話を聞くことがありますが，これは，赤ちゃんが口を使って自分の身体や周囲のものの性質を知ろうとしているためと考えることができます。

　このような口の感覚を，他の感覚で得た情報と関連づけながら赤ちゃんが世界を理解しているのではないかと考えられる実験結果（Melzoff & Borton, 1979）があります。生後1カ月の赤ちゃんに，目隠しをして図3.5のような2種類のおしゃぶりのどちらかをくわえてもらいます。片方は「いぼいぼ」がついており，もう片方はつるつるです。このうち，いぼいぼのおしゃぶりをくわえさせてから2つのおしゃぶりの絵を見せると，赤ちゃんはいぼいぼのほうを長く，逆につるつるのおしゃぶりをくわえてから見せるとつるつるのほうを長く見る傾向がありました。この結果は，口で感じた感覚・ものの特徴（いぼいぼ／つるつる）を，視覚的に見てとれる感覚と関連づけているためではないかと考えられています。

　また，赤ちゃんが自分の指を繰返ししゃぶるようなことも，その初期の段階では，口で感じる指の感覚と，指が感じる口の中の感覚を一緒に感じながら，そのつながりを理解する行為と考えることができます。「そんなことは

やってみなくてもわかるだろう」と思うかもしれません。しかし，大人がごく自然に理解している身体の感覚のつながりも，このようなことを繰り返すことで理解されるようになると考えられるのです。

　こうした方法で，乳児期に周囲の世界がどのように理解されるのか，さまざまなことが調べられてきました。そして，最近では「乳児期にはまだわからないだろう」と思われてきたことについて，必ずしもそうとはいえないこともわかってきています。このことについてさらにいくつかの研究をみていきましょう。

3.3　赤ちゃんが知っている「ものの性質」

　私たちは「ものは隠されて見えなくなってもそこに存在している（例：この本を閉じて上からハンカチをかけて見えなくしても本はなくなっていない）」ことを理解しています。このこと（「対象の永続性」といわれます）について，生後8カ月くらいまでは，ものが完全に隠れてしまうとそれを見つけ出そうとしないなどのことから，ピアジェの理論では，この時期の子どもたちは対象の永続性を理解していないとされていました。しかし，今では，生後もっと早い時期でも，このようなものの性質をある程度わかっているようだと考えられる実験結果が多くみられています。

　たとえば，ものが別のものの陰に入ると見えなくなる，というような性質に関する生後3カ月半の赤ちゃんの理解を調べる次のような実験（Baillargeon & DeVos, 1991）があります。図3.6の上にあるように，まずは背の高いニンジン，あるいは低いニンジンが，左から右に移動し，いったんスクリーンの後ろで見えなくなる動きを繰返し赤ちゃんに見せます。3.2節で説明したように，赤ちゃんは新しい刺激に反応するので，はじめは興味を持って，長い時間見ていますが，繰返しが進むといわば「飽きて」きて，それを見る時間が減少します（これを「馴化」と呼びます）。この後の赤ちゃんの反応をみるため，まずこのような手続きをとります。

馴化の手続き（この動きを繰返し提示する）

短いニンジンの動き　　　　　　　　　　長いニンジンの動き

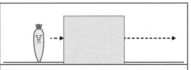

子どもに「起こり得る結果」「起こり得ない結果」を見せる場面

起こり得る結果　　　　　　　　　　　起こり得ない結果

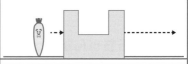

ニンジンが動く際，スクリーンが切り取
られた部分を通ってもその姿が見えない。

図3.6　ベラージェンとデヴォスの実験（Baillargeon & DeVos, 1991）

　さて，赤ちゃんが「見飽きた」ところで，先ほどと同じような手順で「起こり得る結果」，あるいは「起こり得ない結果」を見せます。今度はスクリーンの中央に欠けた部分があります。「起こり得る」のは，背の低いニンジンがいったん見えなくなり，後に出てくるという出来事の流れです。一方「起こり得ない」結果は，背の高いニンジンが，いったん見えなくなり，中央のスクリーンが欠けた部分でも見えなかったのに，再び右からあらわれる（これは実験装置の工夫でそのように見えます）という流れです。

　もし，赤ちゃんが，見えているものが一時的に手前のスクリーンで見えなくなっているだけ，というような関係がわかっていなければ，赤ちゃんにとって，背が高かろうと低かろうと，いったん左で消えたニンジンが右で再びあらわれるのは不思議ではありません。ところが，赤ちゃんは，スクリーンが切り取られているところでも背の高いニンジンが見えない「起こり得ない

結果」で再び様子を見る時間が増えました。これは，じゃまなものがなくなっているところで，背の高いニンジンがあらわれないのは「おかしい」と思い，そのぶん長く見るようになったと解釈されます。こうした，もの同士の関係の理解は，「見えなくなったものはなくなった」というシンプルな考えとは異なるといえます。このような実験から，赤ちゃんは，もの同士の関係でそれが見えたり見えなかったりすることを理解しており，単純に見えなくなったものは存在しないと思っているわけではないと考えられています。

3.4 赤ちゃんの「算数」

　3.3 節でみたように，赤ちゃんはかつて考えられていたよりも早くから，ものの性質を知っているようです。さらに，その「数」についても何らかの理解をしているのではないかということを示す実験があります。

　「1＋1＝2」は，常識の代表のように扱われることもあり，簡単なことに思えます。しかし，それを理解するためには，数という抽象化された概念を記号であらわす考え方，また，数を「足す」とはどういうことかについての，ある種の論理的思考が必要です。これまでみたように，身体の感覚にもとづいて世界を理解しようとしている赤ちゃんにはわからないように思えます。しかし，研究では，赤ちゃんも「数」やその性質についての何らかの理解を持っているらしいことが示されています。

　もちろん，赤ちゃんに計算問題を解いてもらうわけにはいきません。このことを示した研究（Wynn, 1992）でも，これまで紹介してきたように，目の前に示されるものに対する赤ちゃんの反応（見ている時間の長さ）を使って赤ちゃんの理解が調べられています。図 3.7 のように，ついたてのついた小さなステージのようなものを生後 5 カ月の赤ちゃんに見せるのですが，そこで「1＋1＝2」が成り立つような変化（ついたての後ろに人形を入れる様子）を見せ，ついたてを外した後「起こり得る結果」または「起こり得ない結果」を見せます（ここでも「起こり得ない結果」は実験装置のしかけで可

「1+1＝あるいは2」の条件の流れ

1. ケースの中にモ
　ノが置かれる

2. ついたてが上が
　る

3. 第2のモノが加
　えられる

4. 手には何もない

　　次に起こり得る結果　　　　　　**もしくは起こり得ない結果**

5. ついたてがとら　モノが2つ現れる
　れる

5. ついたてがとら　モノが1つ現れる
　れる

図3.7　ウィン（Wynn, 1992）の実験の流れの例

能になっています）。また，同じ方法で「2－1＝1」についても「起こり得る
結果」と「起こり得ない結果」（2－1が2になる）を見せます。そうすると，
赤ちゃんは「起こり得ない結果」のほうを長く見る傾向があるという結果が
得られているのです。

　「起こり得ない結果を長く見る」のは，赤ちゃんの反応をあえてことばに
するなら「（期待していたことと違い）おかしいなあ」と感じているためと
いえます。逆にいえば「起こり得る結果」はそれに比べて「おかしくない」
とわかっていることになります。この方法によるさまざまな実験から，赤ち
ゃんは自分の見た現象を「数」の観点からもとらえ，理解しているのではな
いかと考えられているのです。

　ただ，注意しなければならないのは，こうした実験結果が，赤ちゃんに計
算をどんどん教え込んだらよい，という，ある種の早期教育を支持するわけ
ではないことです。子どもたちが数字を使いこなして考えることができるよ

うになるのはずっと後のことです。この実験から考えられるのは，赤ちゃん
は周囲の世界に，いわば，数の概念のもとになる要素を見出しているようだ，
ということですから，重要なのは，その環境とのかかわりを十分保障してあ
げることでしょう。

3.5 まとめと次の章へのつながり

しばしば，赤ちゃんは無力な存在と考えられています。確かに，ことばを
使うことがなく，身体の運動もごく限られた赤ちゃんはそうみえます。しか
し，赤ちゃんはその身体や感覚をしっかり働かせて，周囲の世界を理解して
います。この章では，その中でも周囲のものの性質についての赤ちゃんの理
解について，いくつかの実験を紹介しました。赤ちゃんが質問に直接答えて
くれるわけではありませんが，赤ちゃんの反応，たとえばある対象を見つめ
ている時間を指標にすると，「ものの性質」や「数」の考え方に通じる理解
を早くから持っていると考えられる反応がみられます。ただ，繰返しになり
ますが，これらは赤ちゃんのうちから，大人が使う考え方をどんどん教えた
らよいということを意味しません。赤ちゃんの理解の仕方，考え方は，その
後のことばによる理解とは大きく異なるものです。

さて，赤ちゃんの環境は，この章でみてきたような，いわば「もの」との
かかわりだけではありません。家族を中心とした周囲の人とのかかわりも
また，赤ちゃんが発達する上で重要な環境です。次の章では，この，周囲の人
とのかかわり，特にコミュニケーションとことばについて考えていきたいと
思います。

Q3.1

> 　この章で赤ちゃんについて説明した「身体を使ってものの性質やかか
> わり方を知る」ことを考えるために，「ボールペンのキャップをはめる」
> 動作を注意深く行ってみて，①手や指をどのように動かし，どのように
> 力を入れているか，②その中で視覚的にどのようなことを見てとる必要
> があるか，を考えてまとめてみてください。

memo

Q3.2

図 3.1 に示した**身体運動**の発達について，個々の赤ちゃんによる違い（個人差）の他に，国による違いもあることがわかってきました。たとえば，生後 5 カ月で，一人で座れる様子が観察された赤ちゃんの割合は，イタリアでは 0%，アメリカでは 17%，一番高いカメルーンでは 92% とする研究があります（Karasik et al., 2015）。この調査結果にみられる国による違いの理由は何だと思いますか。考えをまとめてみてください。

memo

Q3.3

　次の実験は赤ちゃんのどのような能力を調べようとするものだと思いますか？　考えてみてください。

> 　モビールという，赤ちゃんのベッドの上などに吊るされる飾りがあります。これと，ベッドに横になった赤ちゃん（2，3，6カ月のグループで比較します）の足を結びつけます。赤ちゃんは足を動かす（キックする）とモビールが動くので積極的に足を動かします（**図3.8a**）。
>
> 　このような手続き（1回あたり数分間のセッション）を2日間行い，赤ちゃんがキックする頻度を計測します。その後定期的に，赤ちゃんの足を同じひもにつなぎ，キックの頻度を調べて，最初の計測結果と比べます。ただし，ひもはモビールには結びつけません（**図3.8b**）。

a

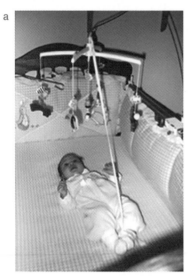

b

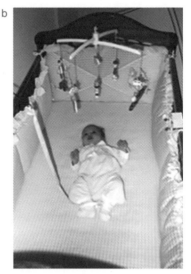

図3.8　実験の様子（3カ月児）（Rovee-Collier, 1999）

A3.1

　キャップをはめるためには，いろいろな方法が考えられますが，ここではボールペンの本体とキャップをそれぞれ左右の手で持ってはめる方法について考えてみたいと思います。

　まず，ボールペンやキャップをそれなりの強さで持っておかなければなりません。ただ，特にキャップのほうは，強い力で握りしめるような持ち方ではなかなかうまくペンに取りつけることができないでしょう。また，小さいものですから，親指・人差し指・中指などでしっかり力を入れて持つ人も多いでしょう。注意深く見れば，その力の入れ方，持ち方は，ペン本体のほうとは違うことがわかるでしょう。また，同じ3つの指でつまむとしても，力の入れ方や感触は，たとえばハンカチのように柔らかいものをつまむときとは違うはずです。

　さて，キャップをペンにはめ込むためには，キャップの入口にペンの先端をうまく当て，押し込んでいくことが必要です。そのためには，右手と左手を細かく調整していくことになります。また，はめ込む際の動きの方向が合っていないと，ペンはうまくキャップに入っていきません。そして，キャップとペンがスムーズに組み合っているか，しっかりはめられたかを，手に伝わってくる感触から感じとって調整することになります。

　これらの作業は，慣れれば目を閉じていてもできるでしょう。しかし，特に2つを調整しながら，うまくはめ込んでいく過程では，視覚に頼るほうが容易です。そのとき，奥行きがうまくわかっていなければ，ペンとキャップはすれ違ってしまいます。そこを把握しながら，上に述べたような両手の細かい調整を行っていくことになります。

　このように，日常的に意識せずに行っている行動でも，ものの大きさ，重さ，形，さらにその動かし方などに合わせて持ち方・力の入れ方を変え，また，身体に伝わってくる感覚，視覚などの感覚から得られる情報を統合

することで，目的とする行動を達成しています。赤ちゃんにとって，周囲の世界は，こうした理解やかかわり方を，身体の発達の中で「一から」学んでいく対象です。そして，私たちの行動はその学びから理解を洗練させてきた結果と考えることができます。

A3.2

　座るためには，重力にいわば「逆らって」，うまく身体を支えることを身につける必要があります。もちろん，身体の発達が重要ですが，このような研究を参考に考えると，発達は周囲の環境との関係で促進されたりされなかったりするようです。

　引用したカラシックらの研究によると，座れる5カ月児の割合がもっとも高かったカメルーンなどの国では，周囲に身体を支えるものが少ない環境に赤ちゃんが置かれることが比較的多いようです。たとえば，地面や床のようなところや，大人向けの家具しかないといったところです。こうした環境では，自分で自分の身体を支えることが早くから求められ，また，そのような身体機能を使う場面も多いといえます。一方，イタリアやアメリカなどの欧米の国では，子ども向けの家具が使われているなど，上で書いたような環境に比べると，子どもが自立的に座る（座らざるを得ない）場面が少なく，このような違いが，身体運動の発達にも影響していると考えられています。

　高塩（2012）は，この他にも社会の文化や気候などが，赤ちゃんの発達の環境に大きな違いをもたらすことを紹介しています。たとえば，初夏に生まれた子どもは，ハイハイを始める時期が冬になるため，冬に生まれた子どもよりその開始が3週間遅れるといいます。また，歴史的な違いとして，中世ヨーロッパでは，「ハイハイ」を「獣の姿勢」とみなして，歩行器で矯正しようとしていたそうです。これらのことから，図3.1で示したそれぞれの変化の時期は，絶対的な基準ではなく，個人差があると同時に

子育ての背景によっても異なってくると考えられています。

　子どもの発達の文化差としては，後に紹介されるような，言語の違い（第6章 Q6.1，A6.1）や子どもの行動の評価の違い（第8章）などによるものもありますが，発達のごく早い時期から，子どもの発達は周囲の環境によって異なる側面があるのです。

A3.3

　この写真と説明だけでは難しいかもしれませんが，これは，足の動きとモビールの動きの関係について，赤ちゃんがどのくらいの間，経験した内容を覚えているか，言い換えれば，赤ちゃんの記憶を調べることを目的として行われた実験です。

　もう一度，実験手続きを確認してみましょう。最初に赤ちゃんが経験する「足を動かすとモビールが動く」というのは，通常は経験することのない新たな出来事です。そして，1回あたり数分間の出来事ですから，「いつも起こる」ことともいえません。もしも経験した内容をまったく覚えていなかったら，次に，モビールの下でひもが足に結びつけられても，足を動かそうとはしないでしょう。一方，そこで積極的に足を動かしたら，前に経験した内容を「覚えていた」と解釈できます。

　では，実際の結果はどうでしょうか。この実験では，最初に足を動かす経験をした後，足にひもをつないだ赤ちゃんが前と同じように強く足をキックしたかどうかを，一定の基準を決めて調べています。すると，3カ月の赤ちゃんでも平均で1週間，6カ月になると2週間ほどの間，足を強くキックする動きがみられていました。つまり，以前経験した内容を「覚えていた」と考えられています。また，別種の実験を組み合わせて赤ちゃんの記憶期間の長さを調べると，1歳半ごろには，3カ月を越えて覚えていられるところまで，記憶が維持できるようになっていきます（Rovee-Collier, 1999）。

　赤ちゃんでもそれくらいのことは覚えているだろう，と思われるかもしれません。しかし，生後3〜6カ月の時期には，ことばで覚え，また，ことばで思い出すことができません。そして，実験でみられたように，本当に短い間の出来事でしかないのに，しっかりやり方を覚えたと考えられる結果がみられたのは，赤ちゃんが周囲のものや自分とのかかわりについて知る力が強いことを示しているといえます。

参 考 図 書

開 一夫（2011）．赤ちゃんの不思議　岩波書店

　赤ちゃんの能力に関して研究を行ってきた著者が，さまざまな研究成果を紹介するとともに，超早期教育の有効性の有無など，赤ちゃんの心をめぐる多様なトピックを論じています。

小西 行郎・遠藤 利彦（編）（2012）．赤ちゃん学を学ぶ人のために　世界思想社

　赤ちゃんにまつわる研究について，心理学的なアプローチだけでなく，身体と運動，睡眠，住まいなど，さまざまな観点から第一線の研究者が解説しています。次章以降で取り上げる内容についても良い参考図書となります。

第4章 コミュニケーションのはじまり

みなさんは，自分がいつ，何ということばを最初にしゃべったか，家族から聞かされた経験がないでしょうか。あるとすれば，それは，どのようなことばでしょうか（Q4.1，A4.1）。子育ての経験がある方は，赤ちゃんのはじめてのことばを印象深く覚えていないでしょうか。赤ちゃんが成長する中で，ことばを使い始めることは，周囲の家族にとってインパクトがある出来事といえるでしょう。

さて，ことばを使ってコミュニケーションができるのは，単語の発音（たとえば「イヌ」という発音）を覚えていて，それを「再生」できるだけのことではありません。ふだん意識することはないかもしれませんが，視線や身体の動きなども，コミュニケーションの重要な要素です。

この章では，赤ちゃんが持つコミュニケーションの基礎となる力と，コミュニケーションが発達する過程について考えていきます。

4.1 人への興味とその識別

第3章でみてきたように，赤ちゃんは周囲のものの性質を，さまざまな感覚を通して知っていきます。研究では，赤ちゃんが人間の顔のような刺激に興味を持つ傾向もわかっています。このことは前章で紹介したファンツの実験からも推測できますが，その後も多くの研究が重ねられてきました。たとえば，顔の中のどこに着目しているのかを発達に沿って細かく研究していくと，生後4カ月ごろに目・鼻・口などに着目して他者の顔を認識するようになるようです（山口・金沢，2008）。

こうした力は，赤ちゃんが周囲のさまざまな人を識別し，理解していく（この人とこの人は別の人だとわかるようになっていく）ことにも結びついています。たとえば，生後数日であっても，赤ちゃんは母親の顔をより長く見つめるという報告があります（Bushnell et al., 1989）。

　周囲の他者の識別には，視覚以外の感覚も関連しています。たとえば，誕生前から聴覚で，周囲の他者を識別しているらしいことを示す実験があります。デキャスパーとファイファー（Decasper & Fifer, 1980）は，生後12時間の新生児に次のような実験を行いました。まず，赤ちゃんがおしゃぶりを吸うペースを測定しておきます。また，それぞれの赤ちゃんの母親がある物語を読んでいる録音と，知らない女性が読んでいる録音を準備しました。その上で，あるグループでは，最初に測定したペースより早いペースで赤ちゃんがおしゃぶりを吸ったときに，また，別のグループでは，それより遅いペースで吸ったときに，母親の声による録音が流れ，逆の場合は知らない女性の声の録音が流れるようにしました。つまり，赤ちゃんの行動に応じて流れる声が変わるしくみにしたのです。すると，赤ちゃんは，母親の音声が聞けるペースを素早く身につけ，上のルールを逆転させても（たとえば，「早いペースで母親の声」という条件を「遅いペースで母親の声」に変える），やはり母親の声を聞くようなペースでおしゃぶりを吸いました。

　この研究から，生後すぐの段階から，母親の声は他の女性の声と区別され，自分の行動を変えて「聞きたくなる」刺激であることがわかります。これは，赤ちゃんが胎児のうちに母親の声を識別しているためと考えられています[1]。このような，赤ちゃんが周りの人に関心を向け，また，識別していく力も基礎となって，コミュニケーションが発達していきます。

4.2　コミュニケーションを支える力

　「人と人の関係」と「人とものとの関係」の大きな違いとして，相手との「やりとり」ができるかどうかが挙げられるでしょう。つまり，こちらの行動に合わせて相手から反応があり，さらにそれに合わせて反応を返していく

---

[1] ただ，子宮の中に伝わる母親の声は明確ではなく，聞きとれるのは音の高さ（ピッチ）やリズムのパターンに限られるようです。

ことです。もちろん，スマートフォンなどの機械と「やりとり」をしている
と考えることもできますし，赤ちゃんが接するものであっても，触った感触
や動かしたときの反応（たとえば，「ガラガラを振ると音が出る」）を含めれ
ば，「やりとり」が成り立ちます。しかし，人間同士のやりとりには，もの
との関係に比べ，ずっと複雑なところがあります。

　たとえば，大人の日常会話は，相手の多様な発話や表情などから相手が何
を感じたり考えたりしているかを読みとり，それに合わせてこちらからの働
きかけを調節しながら進みます。スマートフォンのように，「こうすればこ
う反応する」というようなルールにできないところが多いのです。発達心理
学の研究では，このような人とのやりとりの基礎となる力を，ことばを発す
る前の赤ちゃんが発達させていくこともわかってきました。

　4.1 節で説明した顔や声への着目だけでなく，**視線**に対する敏感さは，そ
の力の一つです。他者の視線を見てとる力は，コミュニケーションをする際
「目を合わせる」ことや，この後可能になっていくことばを介したコミュニ
ケーションで，「相手が何に関心を向けているか」（たとえば，母親が「ワン
ワンいるね」と言っているのは何を見て言っているのか）を把握する際，と
ても大切になる能力です（4.4 節でこのことをさらに扱います）[2]。さらに，
このような相手の関心の対象（何を見ているか）を読みとることは，その背景
にある「意図」，たとえば「このお菓子を見ているこの人は，お菓子を食べ
たいのかな」というように，いわば内面にある思いをつかむことにも関連し
ていると考えられています。

　この，他者の行動やその背後の意図の理解については，生後 6 カ月の赤ち
ゃんでもそれをある程度感じとっている可能性を示す実験があります。ハム
リンら（Hamlin et al., 2007）は，図 4.1 にあるような丸，四角，三角のキャ

---

[2] このような視線の重要性と関連して，進化の中でヒトが持つようになった，視線
が読みとりやすい目の構造（いわゆる「白目」の部分が多く，目線の方向が読みや
すい）が，私たちの多様なコミュニケーションと関連しているという考え方もあり
ます（小林・橋彌，2005）。

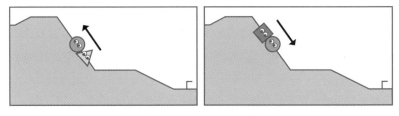

図 4.1　ハムリンらの実験で赤ちゃんに提示された刺激の例（Hamlin et al., 2007）

ラクターを用いて，さまざまなエピソードを 6 カ月と 10 カ月の赤ちゃんたちに見せて実験を行いました。この図であらわされているのは，山を登っていく丸いキャラクター（赤色に塗られています）を，三角のキャラクター（黄色に塗られています）は後押しし（助けているように見えます），四角のキャラクター（青色に塗られています）は押し戻す（じゃまをしているように見えます）様子です。このエピソードを見た後，「じゃまをした」キャラクターと「助けた」キャラクターからどちらか選ぶような場面を設定すると，6 カ月，10 カ月の赤ちゃんとも，「助けた」キャラクターを好む傾向が強くみられました。

　これは，赤ちゃんがそれぞれのキャラクターの行動の意味を，その意図（「助けたい」「じゃましたい」）も含めて評価しているためではないかと考えられます[3]。このような実験結果は，ことばを使った理解ではないにせよ，赤ちゃんがその姿から想像する以上に，周りの人のことを理解している可能性を示しています。

　こうした発達の一方で，赤ちゃん自身の意図や欲求のようなものもより明

---

[3] 丸や四角といった形，また，キャラクターの色への赤ちゃんの好みで選択が違うのでは，という意見があるかもしれません。実験をする際は，そのような関係を赤ちゃんごとに変えて，そのような影響がみられないようにします。つまり，ここでは三角のキャラクターが後押しすると説明しましたが，三角のキャラクターが意地悪をし，四角のキャラクターが後押しをするエピソードを見る赤ちゃんもいるわけです。

表4.1 生後5カ月の赤ちゃんの「手の届かないものへの強い関心」や「欲求の訴え」が
周囲の大人に読みとられ始める時期の行動の例（麻生（1992）による長男「U」の
観察記録，下線は筆者が追加）

①（生後5か月23日）Uは高椅子に腰掛けている。M（Uの母）が哺乳瓶を支えてやり
果汁を与える。途中でMが哺乳瓶を引き抜き背に隠すと，Uは「エー」と声を張り上げ
てMの顔を見つめMのほうに手を伸ばして訴える。再び哺乳瓶で果汁を吸わせる。そ
して，また哺乳瓶を引き抜き今度は背に隠さずにいると，UはすぐさまMの手にしてい
る哺乳瓶を見つめつつ両手を瓶の方に伸ばし「エー」とむずかり声を出して必死に瓶を
取ろうとする。(p.185)

②（生後5か月17日）寝かされているUが少し訴え声を出している。Mが隣室からU
の側へ行き，立ったままダッコバンドを装着し始めると，Uは散歩に連れていってもら
えるのを予期しそれを催促するように，Mを見つめ手足を蒲団から浮かせて「ウー」・
「ウー」と訴え始める。この頃から，人が側に来るとUがこのように蒲団から手足を浮
かせて人を見つめ訴えることが，私たちにはUが「ダッコしてくれ」と訴え手を上に伸
ばしているように感じられるようになった。(p.266)

確になっていきます。生後半年くらいの時期から，赤ちゃんは見えているも
ので関心があるものへと手を伸ばすようになります（リーチング）。また，
散歩の準備をして近づいてきた母親に，催促するようにとれる発声をするな
どの行動もみられるようになります。赤ちゃん自身が「欲しい」「したい」
ということばを使うわけではありませんが，こうして，赤ちゃんの何らかの
「欲求」「意図」が，周囲からみて徐々に明確になります（麻生，1992）（表
4.1）。このような変化は，「伝えたいこと」（「～したい」「～が欲しい」）が
明確化するという意味で，ことばによるコミュニケーションの基礎の一つと
いえます。

4.3 ことばを発する練習

　生まれたばかりの赤ちゃんは，口やのどの構造を変化させ，ことばを発す
るための呼吸機能も発達させていきます。そして，徐々に口の形や息をコン
トロールし，発声ができるようになります。たとえば，生後2カ月くらいか
ら，赤ちゃんは「クーイング」と呼ばれる，「アー」とか「ウー」といった

柔らかい発音をし始めます。さらに，生後半年を過ぎるころには喃語と呼ばれる，ある音を繰り返すような発音（ダダダ，ババババ）がなされるようになってきます。一方，周囲の養育者は，そうした赤ちゃんの発音に対して，ことばがけをしたり，同じような発音を返したりしていきます。

　こうして，赤ちゃんはことばを発する準備を積み重ねていきます。また，そのようなやりとりの中で，各言語に特徴的な発音や発声を身につけ，理解していくこともわかっています。たとえば日本語を母語とする人は「l」と「r」の発音の区別ができないといわれます。この区別ができるかどうかを調べたところ，生後6〜8カ月ごろではその区別をする正答率が，日本の赤ちゃんもアメリカの赤ちゃんも変わらないのに，10〜11カ月になると差がみられるようになるという研究結果があります。これは，赤ちゃんが聞くことばの中のさまざまな発音の蓄積から，両者が区別されて発音される英語ではその区別をする力を維持し，日本の環境では無視するようになるためと考えられています（林，1999）。

　さて，あることばを発することは，その発音ができるだけでなく，それが何をさしているのかの理解とセットではじめて「意味」を持ちます。そのしくみについて，さらに考えてみましょう。

4.4　ことばの意味とコミュニケーション

　私たちがことばを発するとき，それは単なる音のセットではなく，それが「何か」をあらわすことを理解し共有することが必要です。たとえばみなさんが，今，誰かから「そのホン（本）貸して」と聞けば，「ホン」のイメージ，つまり，今手にしている紙を綴じたものが頭に浮かび，その人がその「ホン」を貸してほしいのだという意図を理解し，本を渡す行為をするでしょう。つまり，コミュニケーションでは，1つのことばをめぐって，それがさすものやそれに対する他者の意図を共有することが必要になります（Q4.2，A4.2）。

図 4.2　共同注意と三項関係（板倉，1999，p.29 をもとに作図）
大人の視線や関心を把握しつつ，同じ対象に注意を向け，大人と同じものに対する注意を
共有することができます。

　赤ちゃんは，ことばを発するようになる少し前から，ことばとそれがさす
ものの関係をある程度わかっているようです。小椋（1999）が母親に調査し
た結果では，一番早い「マンマ」は 9 カ月，「バイバイ」は 10 カ月，「ワン
ワン」「だめ」「ネンネ」などは 12 カ月で，50％の母親が自分の子どもはそ
の語がわかると回答しています。

　この，9 カ月から生後 1 年くらいの時期に，図 4.2 のような関係にもとづ
くやりとりが徐々に成り立ち始めます。この関係が成り立っているとき，子
どもは自分が対象を見ているのと同時に，自分がやりとりしている相手が同
じ対象に意識を向けていることを認識しています。たとえば，親子がイヌを
見ている場面を考えるなら，子どもは，自分もイヌに目を向けつつ，一緒に
いる親の頭の方向や視線などから，親も同じイヌを見ていることを把握しま
す。そして，そこで母親が「ワンワンだね」などとことばを発することで，
子どもにとっては，次第に「今見ている動物＝ワンワン」というふうに，こ
とばの持つ意味が共有されるのです[4]。

---

[4] 子どもがことばを身につけていく上で，この関係ができればすぐに大人と同じよ
うにことばの意味がわかるというわけではありません。日常のやりとりの中で接す
る，周囲の大人が発することばが何をさすのかを理解する過程については，他にも

表4.2　生後10カ月の赤ちゃんの「指さし」行動とそれをめぐる母親とのやりとりの例
（やまだ（1987）による長男の観察記録，下線は筆者が追加）

①（生後10か月1日）二階の居間に行くと，<u>タンスの上にある大きい犬のぬいぐるみを</u><u>かならずといってよいほど見上げて指さし発声する。</u>それに対して母（注：観察記録の著者）は「わんわん」「わんわんね」と答えている。あまり熱心にくりかえし指すので犬とあそびたいのかと思い，下へおろして，そばへ置いてやっても，少し手を触れるだけであまりいじろうとしない。（「犬を取ってほしい」という意味の指さしではなく，「あれ，あそこにあるね」というような意味だと思われる。）(p.97)

②（生後10か月24日）（注：子どもが）玄関のドアの方を指さす。外へ行きたいのかと思い，抱いて玄関へ行くと，そこにあった花びん，スリッパ，階段，くつ，げた箱などを次々に指さし始める。このような場合には，「外へ行く」「ことばを返す」のどちらでも本人は満足するので，要求なのか再認の表出なのかわからないことがある。(p.103)

　このように，他者と同じものに注意を向けることを**共同注意行動**と呼びます。また，ここで成り立つ子ども・他者・対象の関係を**三項関係**といいます。このようなやりとり，関係が成り立ち始めたことを示す子どもの行動として（自分が見ているものを相手に伝えようとする）「指さし」などがあります（表4.2）。

　この関係は，ものの名前を知っていくためだけに重要なわけではありません。たとえば，表4.2では，母親である観察者が「要求なのか再認の表出なのかわからない」と感じている指さしも，やがて明確な意図と結びつくようになっていきます。つまり，やりとりの中で自分の意図や要求を伝えるためのしくみとしても重要です。また，この関係で共有される対象は，やがて目の前に見えるものだけでなく，過去や未来の出来事や心の中で感じていることなど，目に見えないことへと広がっていきます。私たちがさまざまな話題，たとえば昨日の自分の経験について会話することは，この関係が発展したものなのです（**Q4.3**，**A4.3**，第6章）。

さまざまなしくみが働いていると想定されています。詳しいことは，本章や第6章の参考図書で確認できます。

　このように，ことばはある日突然使えるようになるのではなく，他者との
やりとりが積み重なることではじめて「意味を持つ」ものになります。そし
て，子どもたちはコミュニケーションを通して，自分の周囲の世界，そして，
自分と他者の心の理解も進めていくのです。

4.5　まとめと次の章へのつながり

　多くの子どもたちが，1歳の誕生日を迎えるころに，意味のあるはじめて
のことば（「初語」）を発し始めます。そのためには，赤ちゃんの身体的・心
理的発達が重要です。しかし，この章でみてきたように，赤ちゃんは1人で
ことばを発するようになるのではなく，家族をはじめとした周囲の他者との
関係の中でコミュニケーションを発達させ，ことばを身につけ始めます。そ
こでは，周囲の大人たちが，いとおしい赤ちゃんに話しかけ，その反応に喜
びながらさらに働きかけていくことが，赤ちゃんの成長の欠くことのできな
い基礎になっています。

　では，こうした「いとおしさ」にかかわる，親子・家族の情緒的な関係は
どのようにつくられていくのでしょうか。次の章はこの点に焦点をあてて考
えてみます。

Q4.1

　みなさんは自分の「初語」が何だったか知っていますか。家族に聞ける人は聞いてみてもよいでしょう。どのようなことをいつごろ話したでしょうか。一般的にどのようなことばから話し始めることが多いと思いますか。

memo

Q4.2

> この章では，ことばを使ったコミュニケーションの基礎となるしくみを説明しました。人間（ヒト）は，このようなしくみを発達させ，高度なコミュニケーションをする動物といえます。
>
> しかし，ヒト以外の動物が人間のことばを理解し，コミュニケーションができるという主張がなされることがあります。たとえば，19世紀末から20世紀はじめにかけて，ドイツで「りこうなハンス（賢いハンス）」という名前で知られた馬は，口頭や筆記で出された計算問題に，蹄を鳴らす回数で答え，多くの人の前でそのデモンストレーションが行われました。つまり，問題の内容を理解して，それにどう答えたらよいかを知っているわけですから，コミュニケーションができたことになります。
>
> しかし，これは，私たちと同様にことばを理解して答えていたわけではありませんでした。では，ハンスはいったいどのようにして計算問題に「正解」したのでしょうか。

memo

4.3

みなさんの日常的な会話の成り立ちも，この章で説明した「三項関係」（図4.2）の図式にあてはめることができます。しかし，赤ちゃんと周囲の大人の間で成り立つ三項関係とは異なるところもあります。共通点と違いはどのようなものか，考えてみてください。

memo

▲4.1

　本文でも説明した，喃語と呼ばれる発音には「マンマ」（ママ・ごはん
という意味の「まんま」）のように，赤ちゃんがよく接する物事をさすこ
とばに似た発音もあり，厳密に何が「初語」か，それがいつ発せられたか
を決めることは難しいのですが，ことばをしゃべり始める赤ちゃんが発す
る語の多くは，赤ちゃんの周囲にあるもの，見聞きする体験などが多く，
10 カ月から 15 カ月ごろにみられます（小林，2001）。ことばが出始める
時期には大きな個人差があり，この個人差はこの後のことばの発達にもみ
られます（第 6 章参照）。

　さて，ことばをしゃべり始めた赤ちゃんがしゃべるのはどのような語が
多いでしょうか。小椋（1999）は，50% の母親がそのことばを発している
とした月齢を基準にして，赤ちゃんの使う語を整理しています。それによ
ると，「マンマ」がもっとも早く 12 カ月で，また，「ワンワン」「（イナイ
イナイ）バー」が 1 歳 2 カ月で，それぞれ 50% を超えました。他には，
「バイバイ」「ネンネ」「ナイナイ」が 1 歳 4 カ月までに 50% を超えた語と
して挙げられています。1 歳 6 カ月には「イタイ」「アツイ」などの感覚
や，「ジュース」「おちゃ」などの身の周りのもの，「いや」などの語につ
いて，50% の母親が自分の子どもが発すると答えています。

　「イタイ」「いや」といった発話は，この時期に，子どもたちが，実際に
自分の前にある具体的なものだけでなく，いわば目に見えない「自分の気
持ち・感じていること」へとコミュニケーションの対象を広げ始めること
も示しています。このことについては第 6 章であらためて考えます。

▲4.2

　ハンスの能力については，当時詳細な検証が行われ，その結果次のよう
な理由によると考えられています（Pfungst, 1983 秦訳 2007）。

　ハンスに口頭で計算問題を出題する際，通常出題者にはその答えがわかっています。ハンスが蹄を鳴らし始め，その答えの数に近づくと，出題者の表情や体勢が徐々に緊張し，正解に達した瞬間にそれが解消され，頭がごくわずかに動きます。ハンスはこの身体の微細な動きを読みとり，「正解」に達すると蹄を鳴らすのをやめたと考えられています。

　これは，条件を変えることによって確かめられました。ハンスが計算問題に正解するとき，質問を出すのは飼い主でなくてもよいのですが，質問者が答えを知っていて，さらにハンスから見える条件であることが必要でした。たとえば，紙に書かれた問題を，質問者が見ずにハンスに示したり，質問後にすぐに質問者がいなくなったりすると，ハンスの正答率は大きく下がりました。そして，質問の後の質問者の動きを詳細に観察することによって，上のようなことをハンスが読みとっているという結論が出されています。

　ハンスはこのように，ことばを私たちと同じように理解して答えていたわけではないのですが，出題する人間の行動の微細な変化をかなり敏感に察知して行動したといえます。みなさんがペットの動物とやりとりをする際にも，もしかしたら，みなさんの想像以上に細部の様子に反応しているのかもしれません。また，私たちのコミュニケーションも，ことばのみで成り立っているわけではありません。視線や表情，ことばの抑揚，「間」など，身体の動きを敏感に読みとってなされています。

A4.3

　本文で紹介した「三項関係」は，みなさんの日常的な会話でも成り立っています。たとえば，みなさんが友だちと昨日のアルバイト先での出来事について話しているとします。「昨日バイトでさー」と話を始めて，友だちが「え，何？」と答え，話が進んでいくのは，2人が「アルバイト」ということばから，ある共通の内容を想定してコミュニケーションを進めて

図 4.3　「アルバイト」をめぐる会話の成り立ち

いるからと考えることができます。つまり，図 4.3 のように，同じ対象へ
の意識を共有しながら，お互いが発話をそれに関連づけ，理解していくこ
とになります。ことばの対象となっているものを共有する枠組みは，大人
であっても三項関係がもとになっているのです。

　ただ，もう少し考えると，「アルバイト」ということばから想像する内
容は，（同じ職場にいるのでなければ）あなたと友だちの間でおそらく少
し違っています。また，この会話はアルバイト先で直接何かを見ながら話
しているのでもなく，今，目の前に起こっていることをさしているわけで
もありません。つまり，それぞれの知識をもとに想像された内容を図のよ
うに「共有」しながらやりとりを進めていっていることになります。

　この点が，1 歳ごろの子どもが周囲の大人との間で始めるやりとりとの
大きな違いです。この時期の子どもと大人が「共有」して，ことばを使っ
てコミュニケーションができる対象は，まさに目の前にあるもの（たとえ
ば「そこにいるイヌ」）です。そして，過去に見たものやこれから起こる
こと，また，人の気持ち・考えといったものについては，この後の発達の

中で理解されていきます（第6章）。また，そうした理解が進むことで
「こんなことが起こったから，こんな気持ちになった。だからこんな行動
をした」というように，出来事の「筋」をつくっていき，それを理解する
ことも少しずつできるようになります（第8章）。

　逆に言うと，私たちが日常的に意識せずにしているコミュニケーション
のおおもとになるしくみが，ことばがまだ十分に使えないこの時期に出来
上がると考えることができます。そうしたこともあって，この「三項関
係」の成り立ちを示す具体的な行動（指さしなど）は，この時期の発達の
指標の一つとして重視されています。

参 考 図 書

やまだ ようこ（2010）．ことばの前のことば――うたうコミュニケーション――
　　　新曜社
　著者が長男の発達とそれをめぐる家族とのやりとりの変化を日誌に記録した内容をもとに，コミュニケーションが成り立つ過程でどのようなことが起こるのかがていねいに描かれています。

熊谷 高幸（2006）．自閉症――私とあなたが成り立つまで――　ミネルヴァ書房
　障がい（自閉症）の理解をテーマにした本です。この章で取り上げた「三項関係」に焦点があてられており，それが私たちのコミュニケーションの基礎として発達的にどのような意義を持つのかを知ることができます。

第5章 子どもと養育者の絆

　ここまでの章でみてきたように，赤ちゃんが周囲の世界とかかわり，それを知っていくとき，周囲の家族，特に子育てをする大人（ここでは「養育者」ということばであらわします）との関係はとても大切です。養育者は，子どもたちを暑さや寒さから守り，栄養や水分を与え，清潔な環境をつくり出しながら，子どもたちのさまざまな経験を支えているのです。

　このように，周囲の養育者が子どもを守り，かかわっていく中では，養育者と子どもとの間に，情緒的な，言い換えるなら感情を仲立ちとした関係が出来上がり，その関係は成長の過程で対人関係の基礎になると考えられています。それは，一言では「親子の絆」ともいうべきものですが，心理学では「絆」という抽象的なことばで終わらせることなく，その具体的な役割や成り立ちが調べられてきました。この章ではその内容について考えていきます。

5.1　赤ちゃんはなぜ泣くか，赤ちゃんはなぜ笑うか

　身近に赤ちゃんがいなくても，電車に乗っていて，また，街の中で，赤ちゃんが泣いている場面に出会うことがあるでしょう（図5.1）。では，赤ちゃんはなぜ泣くのでしょうか？　ちょっと考えてみるだけでも，いろいろな理由が挙げられますが，みなさんが考える中には，おそらく周囲の大人に何かを訴えたいからというものが含まれていることでしょう。それは，お腹がすいた，というように身体の状態を伝えたい場合もあるでしょうし，知らないところに連れてこられて不安だとか，あやしてほしいという願望のように，心理的な原因が考えられるものもあるでしょう。もちろん，なかなか理由がわからない泣きもあり，親にとっては理由がわからないと，また，何を試してもなかなか泣き止んでくれないと，特に困ったことに感じられます（2.4節参照）。

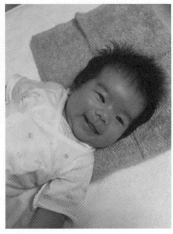

図 5.1　泣いている赤ちゃん（左：生後 8 週）と働きかけに反応して微
笑する赤ちゃん（右：生後 6 週）（筆者撮影）

　生後 3〜4 カ月ごろになると，泣くことの「何かを伝える」役割がより明確になります。母親を対象とした調査では，生後 1 年の間に，泣き声の理由がわかったと感じられる母親の割合が徐々に増えていきます（富山，2010）。こうした理解をもとに，養育者は赤ちゃんの泣きを「お腹がすいたのかな」などと積極的に解釈して対応します。このように，泣きという行動（赤ちゃん）とその解釈や対応（養育者）を通して，赤ちゃんを安定させるかかわりが成り立つわけです。

　また，赤ちゃんは泣いてばかりいるわけではありません。生後すぐの赤ちゃんは，特に眠っている間などに自然に「微笑む」ような表情をするといわれます（自発的微笑と呼ばれます）。その理由ははっきりとはわかっていませんが，赤ちゃんの微笑を見た周囲の人にとっては，赤ちゃんにかかわりたい気持ちを強めるといえるでしょう。そして，生後 2〜8 週間という早い時期に，赤ちゃんは，人の声や顔などの刺激に対して，微笑で反応するようになります（高橋，1992）（図 5.1）。かかわっていったときにさらに微笑んでくれれば，かかわりたい気持ちはますます強くなりますよね。

　コミュニケーションの発達（第4章参照）では，周囲から声をかける→赤ちゃんが笑う→また声をかける，というようなやりとりで，赤ちゃんの笑いも大切な意味を持つことになります。つまり「笑い」は「泣き」とは別の形で，赤ちゃんと周囲の人々，特に養育者とのやりとりを促進するといえるでしょう。そして，ここで取り上げた2つの例は，赤ちゃんが周囲の他者とかかわりを積み上げていく上で，**感情が重要な役割を果たすことを示しています**。

5.2　赤ちゃんを守る関係の成り立ち

　ここまで繰返し説明してきたように，赤ちゃんにとって周囲の養育者と関係をつくり，相互作用を持つ（やりとりをする）ことは，心理的な発達でも重要な意味を持っています。そして，赤ちゃんには，養育者との間に密接な関係をつくり上げるしくみがあると考えられています。この関係の成り立ちや機能について，発達心理学では**アタッチメント**（attachment）という概念を使って説明されます[1]。

　アタッチメントの概念を提唱したボウルビィ（Bowlby, J.）は，養育者の十分なケアが受けられない子どもの成長の様子や生物学の研究などを参考に，人間を含む動物には，出生後特定の誰かに近接し，身体的・心理的な関係をつくるしくみがあるのではないかと考えました（Bowlby, 1982 黒田ら訳1991）。このことばの動詞形である attach という英語を辞書で引くと，「くっ付ける，くっ付かせる」などと訳されています（『新英和大辞典』研究社）。日本語では愛着と訳されたり，そのままアタッチメントといわれたりします（この本でも「アタッチメント」という表現を用います）。

---

[1] ボウルビィ（Bowlby, 1982 黒田ら訳 1991）は，子どものアタッチメントを，「特定の人物に対する接近や接触を求めていること」（p.437）と定義し，特に子どもがおびえ，疲れ，病気などを経験している場合，この傾向が強くなると説明しています。

　たとえば，赤ちゃんの次のような行動から，こうした関係の成り立ちを考えることができます。赤ちゃんは，会ったことのない人に抱かれた際など，生後2〜3カ月の時期には，取り立てて嫌がらなかったものが，次第に変化し，6カ月ごろより後には激しく泣いて嫌がるようになったりします（赤ちゃんの個人差もあります）。ところが，その際両親に抱かれると，今までの様子からうって変わってすぐに泣き止むような様子を見せたりします。この変化は，赤ちゃんの反応が相手によって変わってきたこと，つまり「安心できる相手」と「警戒すべき相手・不安になってしまう相手」が識別され，それによって反応が変化したと考えることができます。逆に言うと，特定の相手との関係で，「**安全の感覚**」（英語では security という単語が用いられます）が得られることが明確になってきたと考えられます。

　では「安全の感覚」が得られる関係とはいったいどのように出来上がるのでしょうか。それは，赤ちゃんが相手を識別すること，そして，5.1節で説明したように，感情のかかわるさまざまなやりとりを重ねていくことでつくられていくと考えられています。飢えや寒さなどの身体の感覚，あるいは不安や恐れといった感情は，大人以上に赤ちゃんにとっては「何とかしたい」ことです。それを泣きなどで訴えて，周囲にいる特定の人，たとえば母親や父親が，それをきちんと読みとって「何とかしてくれる」経験をすることで，特定の人との「安全の感覚」の持てる関係をつくっていくと考えられています。逆に，その相手と切り離されて（分離して）しまうことは，赤ちゃんにとっては大きなストレス源になります。

　赤ちゃんにとって，このような関係を継続的に持つためには，その特定の相手がどこにいるかをきちんと確かめ，その相手に声や表情で発信すること，そして，その相手の近くにいることが大切になります。そして，危機的な状況やストレスが強く感じられる状況では，その相手に「くっついて」いって，もとの安定した状態に戻ろうとするわけです。一方，微笑み合いのような肯定的な感情の交流を積み重ねていくことも，養育者との間で関係をつくり上げるために重要な意味を持つと考えられます。

5.3　アタッチメントのしくみ

　ボウルビィは，乳幼児期に誰か特定の対象との関係をつくることにはある種の生得的なしくみが働いていると考えました。そして，このような養育者との「くっつき方」は，乳児期からの成長に伴って少しずつ形を変えていきます。

　ボウルビィの考えでは，すでに説明したように，特定の相手に近接する傾向が 6 カ月前後に明確になってくるとされています。しかし，その後，子どもたちが「ハイハイ」したり歩いたりできるようになっても，四六時中，ひたすら養育者にくっついているわけではありません。子どもたちは周囲の世界にも興味を持ち，それにかかわっていきます。一方，何か不安になることがあれば，すぐにアタッチメントの対象になる人物を探し，そこに戻っていきます。そこに戻っていけば，恐れの感情が落ち着き，もとに戻れる関係を維持しながら，自分の周囲にかかわっていけるのです。このしくみの中で，アタッチメントの対象となる人物は「**安全の基地**」（secure base）として働いていると考えられています（Bowlby, 1988 二木監訳 1993）。その「基地」との関係を保ちながら，子どもたちは世界を知っていくことになるのです。

　現在では，このようなアタッチメントのしくみは，ある 1 人の大人，たとえば母親との間のみで成り立つもの，というわけではないと考える見方が一般的です（遠藤，2012）。アタッチメントは，ここまでみてきたように子どもたちが守られ，安全の感覚が持てるという保護の働きと密接にかかわりますから，周囲で継続的にかかわりを持ち，情緒的なつながりを持つ人はアタッチメントの対象となり得ます。そのため，現在では父母はもとより，保育士など，密接にかかわりを持つ特定の人との間でアタッチメントが形成され，それによって子どもが安全の感覚を持てるようにすることが重要とする考え方が一般的です。この章で「（母）親」ではなく，あえて固い「養育者」ということばを使ってきたのもそれが理由です。

5.4 アタッチメントの個人差

　さて，このような関係の中でつくられていく，個々の子どもと養育者の関係には，その質に個人差があると考えられています。つまり，子どもがその対象に「くっつく」ことで守られ，安全の感覚が持てる関係のつくられ方には多様性があるのです。

　特に生後1年から1年半くらいの間の子どもたちについて，このアタッチメントの個人差を調べるために開発され，多く用いられてきた方法があります。この方法では，アタッチメントの対象となる人物（たとえば母親や父親）と子どもを一時的に引き離し，子どもを知らない部屋に一人にして，その後その人物が戻ってきた際に子どもがどのような反応を示すか，一連の様子を観察します（ストレンジ・シチュエーション法（Ainsworth et al., 1978），図5.2）。この方法は，一言で言うなら，子どもを不安や恐れを感じやすい状態に置いた際，養育者との関係がどのように働くか，その違いをみることになります。そして，引き離された際や再会した際の反応が，個々のペアによって（親子ごとに）異なることがわかっています。それが，その子どもの形成したアタッチメントの特徴をあらわすと考えられているのです。

　それではなぜ，このような違いがみられるのでしょうか。現在の研究では，こうした個人差は，主に子どもに対する養育者のかかわりの積み重ねと関連づけて考えられています（中尾，2012）。両親であっても，かかわりが子どもを守る上で十分働かない場合があります。たとえば，児童虐待（身体的な危害を加えたり，十分な栄養を与えなかったりするなど。Q5.3，A5.3参照）がみられたりする場合は，子どもたちはその相手，さらには他者全般との関係で，安全の感覚，さらには十分信頼感を持つことができないでしょう。

　虐待のようなかかわりは極端としても，赤ちゃんや幼い子どもたちの周囲の養育者が，子どもたちの状態にうまく合わせた対応ができるかどうかにはかなりの違いがあると考えられています。たとえば，赤ちゃんが泣いて何かを訴えようとしたときに，その内容をスムーズに読みとって対応できること

①実験者がお母（父）さんとお子さんを部屋へ案内し，座る場所などを指示します（30秒）。

⑤1回目の親子再会で，お母（父）さんが入室し，女性は退室します（3分）。

②お母（父）さんは椅子に座り，お子さんはおもちゃなどで遊びます（3分）。

⑥2回目の親子分離で，お母（父）さんは退室し，子どものみ部屋に残ります（3分ですが，子どもがつらい場合は短縮されます）。

③初めて会う女性が入室し，椅子に座ります（3分）。

⑦先ほどの女性が入室し，子どもの相手となります（3分ですが，子どもがつらい場合は短縮されます）。

④最初の親子分離で，お母（父）さんは退室しますが，お子さんはそのまま残り，その女性が子どもに近づきます（3分ですが，子どもがつらい場合は短縮されます）。

⑧2回目の親子再会で，お母（父）さんが入室し，その女性は退室します（3分）。

図5.2　**ストレンジ・シチュエーション法の手順**（数井，2005，p.196）

　が多い養育者もいれば，うまく気づいたり，どうしたらよいか理解したりすることが苦手な養育者もいると考えられます。また，泣きのような行動だけでなく，逆に微笑み合うようなポジティブなものも含めて，感情的なやりとりを避けようとする傾向のある養育者もいます。

　子どもたちは，このような養育者の特徴を反映しながら，養育者への期待をつくり上げていきます。たとえば，子どもからのメッセージに比較的うまく気づき，対応ができる養育者には，「自分が発信すればきちんと読みとって応えてくれる，不安や恐れの気持ちは慰めてもらえる」という期待をつく

っていくでしょう。このような場合，強い感情や激しい泣きを養育者に向け
る必要性は薄く，ストレンジ・シチュエーション法のように，一時的に養育
者と離れてしまい，不安や恐れなどが強くなった場面でも，養育者と再会で
きれば，スムーズに落ち着くことができると考えられています。このような
特徴を示す場合「**安定型のアタッチメント**」と呼ばれます。

　一方，子どもへの対応が気まぐれで一貫せず，その状態に合わせた対応を
することが少ない養育者に対しては，「強く訴えないと気づいてもらえない，
ちゃんとかかわってもらえない」という感覚が強くなっていき，泣きが強く
なったり，上のように不安や恐れなどを経験した後になかなか回復できなか
ったりといった行動をみせると考えられています。また，養育者に子どもの
働きかけを拒否するような傾向が強い場合も，安定型の子どもたちとは異な
る行動がみられます。このようなアタッチメントは「**不安定型のアタッチメ
ント**」に分類され，大きく分けて2つのタイプ（回避型・アンビヴァレント

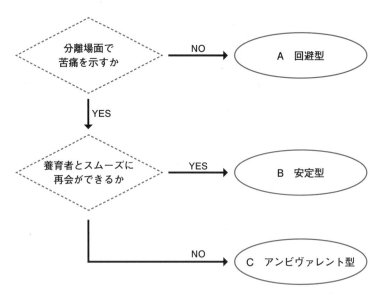

図5.3　ストレンジ・シチュエーション法によるアタッチメントの分類
（遠藤，2012，p.172）

型）に分かれるとされています（図 5.3，アタッチメントのタイプについて
の詳細は遠藤（2012）や参考図書を参照してください）[2]。

5.5　一生にわたる発達とのつながり

　このようなアタッチメントの質にみられる個人差を把握する研究は，なぜ
行われているのでしょうか？　その理由の一つは，このような幼い時期につ
くられたアタッチメントが，そこから先，他者との関係をつくりながら成長
していく基礎になると考えられているからです。

　5.3 節では，アタッチメントの対象となる人物が，子どもたちにとって安
全の基地になると説明しました。幼いうちには，その安全の基地へ実際に子
どもたちがアクセスできることが重要です。5.4 節で説明した，子どもを養
育者と一時的に引き離すストレンジ・シチュエーション法は，このような関
係のもとで，子どもが不安や恐れを感じやすい場面をつくるわけです。しか
し，成長すると，養育者が目の前に存在しなくても行動できるようになりま
す。たとえば幼稚園や学校に通うころには，日中家族から離れる時間があっ
ても，（最初は不安を感じたり混乱したりすることはあっても）多くの子ど
もたちは徐々に平気になっていきます。

　アタッチメントの考え方では，こういう段階でも，他者との間で「安全の
感覚」を得る機能が不要になったのではなく，形を変えて心の中に，いわば
取り込まれたと考えます。このような心の中にあるしくみ[3]は，「自分は困っ
たときに助けてもらえる存在なのか」「他者は近くにいて自分を守ってくれ

---

[2]　さらに，子どもが虐待を受けている場合などは，この「安定」「不安定」の分類
にあてはまらない，混乱したアタッチメントを示すといわれます。こうしたことを
含めて，アタッチメントの個人差には研究上さまざまな議論があります。この点に
ついても，詳しいことは，参考図書に挙げた本などを参照してください。

[3]　アタッチメントの理論では，このようなしくみを「**内的ワーキングモデル（内的
作業モデル）**」（Bowlby, 1973 黒田ら訳 1991）と呼びます。

るのか」（遠藤，2012，p.178）といったことについての感覚を支えるものになります。

　この機能は，乳児期からの経験の中でつくられ，大人になっても働いていると考えられています。そして，発達の中でつくられるさまざまな対人関係，たとえば保育所や幼稚園，学校で出会う友人との関係，さらに青年期になると，恋愛関係にあるパートナーとの関係などでも働くといわれます（**Q5.2，A5.2** 参照）。こうして，子どもたちが養育者との間で築く関係は，その後の人間関係の基礎になると考えられているのです。

　初期のアタッチメントの質がそのまま幼児期・児童期，さらにはそれ以降の時期へとそのまま引き継がれるかどうかについては，現在のところ研究結果が明確ではなく，複雑な過程がありそうです。それでも，乳幼児期のアタッチメントの質とその後の成長過程にはある程度関連があると考えられています（中尾，2012）。また，このようなつながりは，子どもに対する虐待がその心理的発達に対して持つ長期的な悪影響を理解する上でも重要なものです。

5.6　まとめと次の章へのつながり

　乳児や幼児との親子の絆を考えるとき，一般的には「愛情」や「甘え」というキーワードで理解されることが少なくありません。保育や教育の場面でも，子どもの行動の不安定さが「愛情が足りていないから」「幼いうちは思いきり甘えさせてあげることが必要」といった表現で理解されることがあります。「愛情」や「甘え」ということばは，部分的にはここで説明してきたことと関連するかもしれませんが，ことばのさす内容があいまいで，人によって意味するものが違っていたり，異なる意味合いを含んでいたりしています。

　発達心理学の中で，アタッチメントの理論が考えるのは，感情の働きを仲立ちにしながら，子どもと養育者がいかにして「保護の働き」「安全の感覚

の持てる関係」をつくり上げ，環境に適応していくかという観点です。また，そこでは，子どもを産んだ母親だけが特別な関係を持てる・持つべきであるという考え方はとらず，周囲のさまざまな他者との関係の中でどのように子どもの安全の感覚が確保されるかを重視します。

　さて，このような関係を築きながら，子どもたちは積極的にことばを使い始め，それと並行して自分自身や周囲の他者についての理解を深めていきます。次章ではこのような1歳の誕生日以降の発達の様子をみていくことにします。

5.1

> この章で考えたことをもとにすると，たとえば子どもが保育所に通う
> とき，その環境としてどのようなことを重視する必要があるでしょうか。
> 1〜2歳くらいの子どもたちについて想像しながら，あなたの考えをま
> とめてみてください。

memo

5.2

5.5節で説明したように，アタッチメントはその後の対人関係をつくり上げる上で重要なものとしてとらえられており，青年期や成人期でも，そのしくみが，乳児期とは異なる形で働いていると考えられています。そして，アタッチメントの個人差が青年期の親密な人間関係，たとえば恋愛とその個人差（それぞれの人の恋愛の仕方の特徴）に関係しているとする研究もあります。この章で説明された乳幼児期の養育者との関係と，青年期の恋愛にどのような共通点があるか考えてみてください。

memo

Q5.3

この章で説明したように，家族などからの子どもへの虐待は，子どもたちが安定した，安全や安心の感覚のある関係をつくる上で，大きなさまたげになると考えられています。では，児童虐待とはそもそもどのようなものとして定義されているのでしょうか。公的な定義を確かめてみてください。また，この章で説明してきたアタッチメントの考え方から，そうした虐待を受けた子どもたちは，他者との関係でどのような課題を持つことになりそうか，考えてみてください。

memo

A5.1

　まず，日本で認可を受けている保育所や認定こども園では，必要な施設やスタッフの資格・数などについて，厳密な基準が定められています。そのため，そうした場所で子どもたちにとって基本的に必要な環境が非常に劣悪ということは起こりにくいと考えられます。

　その上で，子どもたちのいわば心理的環境として重要なことをこの章の内容から考えると，子どもたちが保育士など特定のスタッフとの間で「安全の感覚を持てる」「守ってもらえる」関係を築けること，その上で積極的に他の子どもたちとかかわったり，新しい経験を積んだりできることが重要になってくるでしょう。身体的・心理的な暴力がこうした関係のさまたげになることは言うまでもありません。一方，安全のためにと，子どもたちの活動を極端に制限したり，逆に，新しい経験が必要だからと，さまざまな活動を次々に詰め込んだりするのも，子どもたちが他者との関係を基礎にして育つ過程を，バランスを欠いたものにしてしまいそうです。

　逆に言うと，子どもたちにとって必要な環境を心理的な観点から考える上では，「保育室にこの備品が備わっていればOK」「保育者がこのテストに合格していればOK」といった客観的な基準をなかなか作成しにくいのです。安全でさえあればそれでよいわけではなく，子どもたちがその中で新しい経験にチャレンジできることとのバランスが重要でしょう。さらに，個々の子どもと保育者の間に，いわば「相性」とでもいうべき側面もありますから，1つの基準で良し悪しを判断し難いところもあるでしょう。ただ，施設の新しさやかわいらしさ，また，いわゆる早期教育への取組みのような，一目でわかる側面だけでなく，子どもたちと保育者がどのようなやりとりをしているのか，「安全で安心できる環境」と「新たなことの探索」がどのように実現しているのかを，毎日の活動から考えていくことが重要といえます。

　保護者の立場から考えたとき，現在，都市部では希望しても子どもが保育所に通えない地域もありますし，地域によっては保育所が限られている場所もあります。制度上も，たくさんの保育所の中から自分の希望に合った場所を選ぶことはなかなかできません。しかし，上のような観点から，どのような保育が行われているかを考えていくことは重要です。

▲5.2

　この章では，主に生後すぐから1歳代までの子どもたちが，両親をはじめとする養育者との関係の中でつくるしくみについて説明しました。これと，思春期以降の恋愛は，まったく違う関係のように思えるかもしれません。確かに，異なるところもたくさんあります。

　しかし，たとえば何らかの形で「一緒にいる」ことが大切なところは同じではないでしょうか。もちろん，赤ちゃんが家族と一緒にいることと，恋人同士が一緒にいることの意味はずいぶん違います。恋愛であれば近くにいなくても連絡をとってやりとりをする手段はたくさんあります。しかし，このようなやりとりも，お互いの存在を近くに感じるという点では共通しているともいえます。

　そして，そうした親密な関係が，感情の動き・コントロールと結びついているところも似ています。これも，赤ちゃんが不安になったり安心したりする気持ちの変化と，恋人に対して感じる気持ちがそのまま同じではありません。しかし，（個人差もあるでしょうが）不安になったり，嫌なことがあったりしたときに恋人に慰めてもらいたいと思う人は少なくないでしょうし，一緒に出かけて楽しい経験を共有するのは，関係が深まっていくことに結びついているといえるでしょう。つまり，恋愛関係も，嫌な感情をコントロールしたり，ポジティブな感情を共有したりといった，お互いの感情的なつながりややりとりと深く結びついた関係といえます。もちろん，お互いにネガティブな感情があらわれることもありますが，それは

幼い子どもと養育者の関係にも起こることです。

　また，この章で説明したような，赤ちゃんと養育者の関係にあらわれる
アタッチメントの個人差を，恋愛にあてはめて考えることもできます。恋
愛関係といっても，「一緒にいる」ことや感情的なやりとりにさほど積極
的でないカップルもいれば，パートナーと一緒にいることが何より大事で，
一緒にいないと，あるいは，相手が何をしているかわからなかったり連絡
がなかったりすると，すぐに不安や怒りの感情が強く感じられる人もいる
でしょう。

　アタッチメントのしくみは，私たちが関係をつくり，深めていく過程に，
乳幼児期に限らずかかわっていると考えられており，こうしたアタッチメ
ントと恋愛との関連性についても研究が続けられています（金政，2013）。

A5.3

　マスコミでは，子どもたちへの激しい身体的暴力や，部屋に閉じ込めて
食事を与えないなどの結果，子どもたちが著しく衰弱したり亡くなったり
する事例がしばしば報道されます。児童虐待というと，こうした内容が一
般的に想像されるかもしれません。しかし，厚生労働省のウェブページ[4]
にも掲載されているように，児童虐待とはこのような「身体的虐待」（身
体的暴力など）や，「ネグレクト」（家に閉じ込める，食事を与えないな
ど）に加え，「性的虐待」（子どもへの性的行為や，性的行為を見せたりポ
ルノグラフィの被写体にしたりするなど），「心理的虐待」（ことばによる
脅し，無視，子どもの目の前で家族に対して暴力をふるうなど）という内
容を含む，大きく4つの内容で考えられています。つまり，子どもたちの
身体への危害だけでなく，心理的な側面についても，虐待としてとらえら
れます。

---

[4]　https://www.mhlw.go.jp/stf/seisakunitsuite/bunya/kodomo/kodomo_koso-date/dv/about.html（2022年1月4日閲覧）

　マスコミの報道でもみられるように，身体的虐待やネグレクトといった虐待からは，子どもがけがを負ったり，身体の成長が著しく遅れたり，さらには亡くなったりといったことが起きます。また，心理面への影響もきわめて大きいことがわかっています。そして，子どもたちが虐待する家族から離れた環境（児童養護施設や里親の家庭など）に移っても，たとえば感情の動きや人間関係などについて，きわめて不安定，無秩序で，一言で表現すると，強い甘えと激しい攻撃が入り混じるようなことが続くなど，周囲の人たちが混乱するような行動を示す事例が多く報告されています（たとえば，内海，2013）。

　アタッチメントの考え方では，子どもたちにとって「安全の感覚が持てる関係」ができることが，その後の発達の基礎になると考えられています。しかし，身体的虐待や心理的虐待などを受ける中ではそうした関係をつくり上げることが困難です。つまり，他者とかかわっていく基礎となる関係が，混乱した，一貫しないものになってしまうと考えられます。そして，3〜5歳になるときわめて攻撃的であったり，（養育者の感情の揺れ動きから自分を守るため）極端・過剰に明るい行動をみせたりするようになるといわれます（数井，2007）。

　児童虐待への対応は，子どもたちに安全と必要な環境が与えられれば終わりではなく，いかにして上のような不安定さ，無秩序さを変化させていくかが重要となります。この章で説明したアタッチメントの考え方は，そのための心理的なしくみの理解の基礎といえます。

参 考 図 書

**遠藤 利彦（編）（2021）．入門 アタッチメント理論──臨床・実践への架け橋
　　── 日本評論社**

　アタッチメント理論の成立の過程やその後の発展から始まり，最新の研究成果まで詳説されています。この章で取り上げた内容だけでなく，第8章や第10章のテーマになる社会性の発達や保育との関連についても説明されています。

**繁多 進（著）木部 則雄（企画・監修）（2019）．基礎講義 アタッチメント──子
　　どもとかかわるすべての人のために── 岩崎学術出版社**

　アタッチメント理論の成り立ちから，「ストレンジ・シチュエーション法」や「アタッチメントの分類」といった，理論の中で重要となる概念の考え方やその臨床的応用について，著者と企画者それぞれが自身の臨床経験を含めて対話する形式も交えて詳しく解説されています。

第6章 コミュニケーションの育ちと自己の理解

多くの子どもたちが，1歳の誕生日から2歳になるまでに，発することばの数を一気に増やします。ことばが増えることは，子どもの成長を感じさせる出来事の一つです。しかし，第4章でも説明したように，ことばによるコミュニケーションは，ある発音とそれがさすものをペアにして覚えることでは成り立ちません。使えることばが増え，コミュニケーションが複雑化することは，コミュニケーションに参加している自分と他人についてのさまざまな理解の深まりと絡み合って進んでいきます。この章では，その様子をいくつかの観点から考えてみたいと思います。

6.1 ことばが増える

第4章で説明したように，子どもは生まれてから1年の間に「あることばが何をさしているのか」を周囲の他者と共有できるようになっていきます。「子ども・他者・対象（もの）」の間の「三項関係」（図4.2参照）が成り立ち，子どもたちが「指さし」などをするようになることがこの関係の成り立ちをあらわしていました。

子どもが発することばは，はじめのうちはごくわずかな数に限られていますが，平均的にみると1歳代の後半に急激な勢いで増えます。1歳になるころには数語だった発話できる語数が，2歳の誕生日を迎えるころには，中央値でいうと200語以上になっているといわれます（図6.1）。この変化の中でも，特に1歳代の後半には，1日1～2語のペースで新たなことばを使えるようになる計算です。中学生が卒業までに新たに学ぶ英単語の語彙数は1,600～1,800語程度（文部科学省「中学校学習指導要領（平成29年告示）」）ですから，新たなことばを身につけようと意識的な努力をしなくても，中学生が英単語を覚えるのに近いペースで新たな語を使えるようになっていく時期があるわけです。表6.1のエピソードは，こうした様子をあらわす例とい

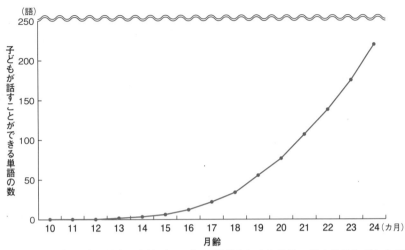

小椋・綿巻（2004），綿巻・小椋（2004）に記載された各月齢の男女児それぞれの50
パーセンタイル推定値の平均をプロットして作成されたもの。

図6.1　**子どもの語彙の増加**（針生，2015）

表6.1　**2歳ごろのことばの発達をめぐるエピソード**（新聞に掲載されたエッセイ）

ことばの花 　リクオ（注：著者の長男）は二歳になるまで「アー」としか話さなかった。 　二歳の誕生日に話せた単語は「マンマー」とか「ブーブー」とか，お定まりの幼児語が数えるほどである。同じ「アー」にも「アア？」とか「アーッ！」とか感情はいろいろこめられているものの，しゃべるのが早いコにくらべると格段の差。よだれかけもまだとれないし，図体はデカくなったけどまだまだ私は相手を「赤んぼ」扱いしてた。 　ところが二，三カ月もしないうちに，ことばがいっぺんに噴出してきた。あっちからもこっちからもポッポッと単語が湧いて出てくる。 　海に行くと，こないだまで「アー」としか騒いでいなかったのが「おみじゅ（お水），いっぱーい」と表現した。台所にいるとうしろから「何しるのー（何してるの，とまだ言えない）」とくる。オモチャの電車が脱線すると「イッターイ」とヒステリーを起こし，「トーマス，待ってー」と寝言を言う。 　ゲーと思った。こんなにモノがわかってたのか……というオドロキ。しゃべりかけると早いとはきいてたものの，なんというか，チューリップやバラの花びらがだんだん開いていって……という成長とは全然違っていた。パパパパッと，桜の花がいっぺんに咲いちゃった感じ。あっちもこっちも咲くばっかりにして，いっぱいに秘めてふくらんでいたつぼみに，私はまったく気づいていなかったのだ。（後略） 　　　　　　　　　　　　　　　　（石坂 啓（1996）『コドモ界の人』朝日新聞社より）

えるでしょう。

　また，子どもははじめのうちは単語1つを発話するだけです（例：「ワンワン」）。もちろん，そこから何を訴えたいのか（例：「ワンワン」と言っている子どもが，「こわい」と訴えているのか「触りたい」と希望を示しているのか）はある程度読みとることができます。表6.1のエピソードにも，そのような説明があります。それが，たとえば「ワンワン　きた」のように，2つのことばを組み合わせて表現できるようになってくるのもこの時期です。こうした表現を「**二語発話（二語文）**」と呼びます。こうして，何かを要求する表現（「〜ほしい」）や，出現，消失（「きた」「いった」）などをあらわす表現も徐々にみられるようになります。

　一方で，ことばが増える時期について，かなりの個人差があることもわかっています。たとえば，上で説明した「二語発話（二語文）」があらわれるのは，1歳半を少し過ぎたころ（最初の25％）から，2歳5カ月（90％が通過）まで，個人差の幅がかなり広くなっています（**表6.2**）。言い換えれば，個々の子どもたちは，それぞれのペースでことばを身につけます。ことばをはじめとした発達の道筋は「〇歳×カ月で〜ができる」というように，タイミングをいわば「ピンポイント」でとらえないことが必要といえるでしょう。

表6.2　**子どものことばの発達にみられる個人差**（中川，2015）

	通過月数			
	25%	50%	75%	90%
意味なくパパ，ママなどと言う	6.0カ月	8.0カ月	10.0カ月	12.0カ月
意味のあることばを1語	9.2カ月	12.0カ月	14.8カ月	17.6カ月
ママ，パパ以外に3語	13.2カ月	15.6カ月	18.0カ月	20.4カ月
二語文	19.7カ月	22.7カ月	2歳1カ月	2歳5カ月

デンバー発達判定法（小児保健協会，2003）による。
どの内容についても，最初の25％の子どもたちが通過する（そのような行動を見せる）時期から，90％の子どもたちが通過するまでに少なくとも6カ月の違いがあることがわかります。

6.2　ことばを身につけるしくみ

　子どもたちが母語の語彙を増やしていく過程と，たとえば日本語を母語にしている人が，英単語のような異なる言語の語彙を覚えていく過程には大きな違いがあります。学校で英語を学ぶ際は多くの場合，すでに知っている日本語を使い，それと英語を結びつけながら習得します。少なくとも，学習に用いる英和辞典はそのようにつくられています。これに対して，子どもたちは周囲の大人・家族などとやりとりするだけで，他のことばで考えながら新しい語を知るわけではありません。そして，日常のやりとりからわかることは限られていますし，雑多です。たとえば，教科書のように新出の単語や文法を系統立てて順番にみていくようなことはありません。子どもの周囲で大人がしゃべる内容も，文法に正確にのっとった文章ではなく，省略されているところがたくさんあったりします。

　日常的にことばを使っていると想像しにくいですが，このような条件・環境の中で，個々の単語をうまく「切り出して」把握し，さらにその語が何をさすのかを理解していくのは，かなり難しいのです（針生，2015）。たとえば，「くつ」（幼児語では「クック」と言ったりします）ということばを知らない子どもに，親が「○○ちゃんのくつ」ということばを発し，子どもの赤いくつをさしたとします。子どもがしばしば聞いている「○○ちゃん」はわかりやすいですが，「のくつ」ではなく「くつ」という単語が切り出せるためには，発音のアクセントを聞きとり，また，他の使い方（たとえば「○○ちゃんのあんよ」や「ママのくつ」）との違いや共通点をもとに判断する必要があります。また，そのとき「くつ」という音が，ある特定の履物をさすのか，一般的な「くつ」すべてにあてはまるものなのか，さらには，身につけるもの（たとえばTシャツ）はすべて「くつ」なのか，十分な情報はありません。しかし，やがて「くつ」という語は，家族や他の子どもたちのくつすべてにあてはまり，色が同じでも身につける他のものはくつとは呼ばないことを理解します。このように，子どもたちが日常の経験から正確に語彙

や文法を身につける過程では，単語帳を覚えるようなやり方ではなく，かなり複雑な過程がかかわっていると考えられています[1]。

　もう一つ重要なことは，こうした過程で周囲の他者と直接かかわることの意義です。ことばを繰返し提示することは，たとえば動画を使っても可能です。しかし，12〜18カ月の子どもたちを異なる条件に分け，同じことばのリストを教えた結果では，動画を視聴してことばを学ぶ条件の子どもたちよりも，両親が自然だと感じる方法で教えた条件のほうが結果が良いという研究があります（DeLoache et al., 2010）。少なくとも，こうした学びを機械任せにすることは難しいといえるでしょう。

6.3 「表象」の役割

　1歳代に多くのことばが使えるようになっていくことは，それ以降，子どもたちが「ことばを使って世界を理解する」ようになる，と言い換えることもできます。第3章でみたように，乳児期の子どもたちは，その場に存在する具体的な対象とのかかわりを通して世界を知り，また，第4章でみたように，具体的な対象を他者と共有してコミュニケーションを行います。一方，ことばを使えるようになることは，実際にものがそこに存在しなくても，それを「思い浮かべられる」こととと結びついています。

　第3章でもふれたピアジェの理論では，この2歳以降，6，7歳くらいまでの時期を，0歳代〜1歳代とは子どもの考え方が異なる次の発達段階（**前操作期**）と考えます。たとえば，2歳ごろから，子どもたちは「ふり遊び」と呼ばれる遊びを徐々に始めます。ふり遊びとは，たとえばままごとでするように，空のコップを持ってジュースを飲んだ「ふり」をする，といった遊びです。実際にそのものがなくても，あるもので「見立てて」遊ぶことは，見立てているもの（空のコップ）に，それとは別の意味（ジュースが入った

---

[1] 詳しくは，本章末「参考図書」の今井（2013）などを参照してください。

コップ）を与えていることになります。

　子どもの遊びはそんなものだろうと思うかもしれませんが，このように，あるものに別の意味を与えられるのは，子どもたちが，自分の前にあるものから別のものを「思い浮かべ」る，いわば「イメージ（表象）の世界」[2] を持ち始めたことを意味しています。そして，ことばを使うことは，このこととつながりを持っています。6.2 節で説明した例でいえば，「くつ」ということばの「意味」がわかるのは，実物とは直接何の関係もない発音（kutsu）を聞いて，具体的にどのようなものかを頭に思い浮かべることができるからです。

　このように，その場に実在するものや耳にしたことば（音）と異なるものを，いわば心の中に思い浮かべる力は，子どもにとって「**過去**」や「**未来**」の理解が明確になり始めることとも関連していると考えられます。たとえば，6.1 節で 1 歳後半の子どもによる表現として「ワンワンきた」という例を挙げましたが，この表現は「さっきはいなかったけれど，やってきた」という，「さっき」と「今」の違いが前提になっています（逆に「じいじ，いっちゃった」という例は，さっきはいたけれど今はもういないということになります）。これは，第 4 章で説明した三項関係の対象が，ことばの発達とあいまって「今」「ここ」の外へと広がりはじめたものと考えることができます（熊谷，2004）。

6.4 「自分」と「他者」を知り始める

　ことばを使い始めた子どもたちがさまざまな理解を深めていく中で，子ども自身，そして，周囲の他者（家族や友だちなど）についての理解も深まっていきます。子どもたちは，1 歳代の半ばになると，自分の名前が呼ばれた

---

[2] 心理学では目の前にないものを心に思い浮かべることを「表象」ということばで表現します。

ら返事をし，他の子どもの名前には反応しないというように，自分の名前を理解するようになります（植村，1979）。さらにこの時期には，自分自身の姿の理解についても変化が起こります。私たちは，鏡を見ればそこに映った像が他人から見た自分の像であることを知っています（正しくいえば左右が反転していますが）。子どもたちは自分の名前に反応するようになるこの時期に，鏡に映った自分の姿を把握しはじめるようです。

　鏡に映った自分の姿の理解を調べるための，次のような実験があります。まず，子どもに気づかれないように子どもの顔にしるしをつけます。たとえば，顔をふいてあげながら口紅のようなものを使って鼻にしるしをつけたり，何かを褒めて頭をなでながら鏡に映りやすい頭の前のほうにシールを貼ったりする方法を使います。その後で，鏡を見せて，子どもがしるしをつけられたところを気にして触ったり，落とそうと（はがそうと）したりするかどうかで，子どもが鏡に映った姿を理解しているのかを考えます（発達心理学ではこのような理解を**鏡映自己像の認知**などと呼びます）（図6.2）。

　この方法を使うと，個々の子どもによる違いはありますが，1歳代の後半から2歳くらいの時期に，しるしを気にするような行動を示すようになります（Lewis & Brooks-Gunn, 1979）。このような認識を持てるのは，ヒトの他には，一部の霊長類（チンパンジーなど）など限られた動物であると考えら

図6.2　**鏡映自己像の認知を調べる実験**

れていて，多くの動物は，単に鏡に接する機会を持つだけでは，それを「自分」として認知することができないと考えられています（板倉，1999；Q6.2，A6.2 も参照）。

　子どもたちが「自分」について理解していくのは，このように外から見られる自分の姿だけではありません。6.3 節で説明したように，ことばを使えることは「今」「ここ」で，自分の前にあるもの以外について知り，表現できるようになることと結びついています。子どもは1歳代の後半から，次第に自分や他者の「気持ち」，具体的には「〜したい」という意図，「悲しい」「うれしい」といった**感情**，「知っている」「思っている」などの**信念**や知識といったもの[3]への言及が少しずつ増えます。最初のうちは，表現できることが少なかったり，自分の気持ちと他者の気持ちを混同した表現がみられたりしますが，次第に自分の意図を示したり，それについて周囲の人とやりとりしたりするようになります（木下，2008；表 6.3）。

　このように，1歳代後半から2歳代の時期には，子どもにとって「自分自身」がさまざまな形ではっきりしていきます。このことと並行して，周囲の人にとっては，子どもが何でも「自分でする」と言ってきかないとか，提案したことを「いや」と言って拒絶するといった行動を示すことも目立ち始めます。「反抗」にみえるそれらの行動は，上のような発達の中で，子ども自身の「意図」や「自己」がはっきりし，それを示すようになる行動と考えることができます。

6.5　まとめと次の章へのつながり

　1歳の誕生日から2歳代にかけての子どもたちの心の発達を考えたとき，ことばが使えるようになることはとても大きな意味を持っています。ことば

---

[3] 心理学ではこれらをまとめて「**内的状態**（あるいは，心的状態）」ということばでさします。

表6.3　1歳から2歳にかけての子どもの「意図」の表現をめぐるエピソードの例
（木下，2008 による次男Rの観察記録）

①1歳3か月9日
　Rと私（注：Rの父親である記録の著者）が風呂に入っているときのこと。一緒に湯船につかっていると，Rは洗い場の方を指して「アッ」と発声する。私が「あがりたいの？」と聞くとうなずく。少しからかって「じゃあ，もっとはいってようか？」と言ってもうなずくし，続けて「マンマか？」とたずねても，口をパクッとさせながら首を縦にふる。どうも言葉の意味は関係ないようで，「んん，か？」と無意味なことを尻上がりの疑問文風のイントネーションで聞いても，Rはしっかりとうなずいていた。（p.56）

②1歳7か月13日
　デザートのプリンを食べ終わって，私が空の容器をRに差し出して「これ，ナイナイしてね」と言うと，首を横に振って拒否する。そこで「お父さんが持っていこうか」と確かめると，すぐさま「ウン」と言ってうなずく。そこで少しからかい気味に，「なら，Rちゃん，持っていく？」とたずねると，一瞬首を縦に振りうなずきかけるが，すぐに首を横に振って訂正する。（p.57）

③2歳3か月1日
　テレビを見ている私のところに，「オトーサン，シュポポ（汽車）ホシイ？」と切羽詰まったように言ってくる。私が「今，いらないよ」と応じると，「シュポポホシイ？」と再度，声を荒げて聞いてくる。私が同様に「いらない」と応えると，Rは同じ質問を繰り返す。それでも私が「今，テレビ見ているからいらないよ」というと，Rは結局私の手を引っ張って，「アッチ，イコ」とおもちゃ箱まで無理に連れてくる。そして，「シュポポ，ココ」と言いながら，箱の中に手を入れる。実は汽車のおもちゃが欲しいのはRの方で，取り出したいのだが箱の下の方にあって取れず，私に手助けを求めていたのである。後で思い返すと，私のところに来る前に，そのおもちゃ箱を物色していたようであった。（p.70）

①のエピソードでは，どんな質問をしてもうなずくように，Rが「したい」ことは明確ではなく，むしろ「質問」―「うなずく」というやりとりが中心になっています。しかし，②のエピソードでは，何でもうなずくのではなく「空容器は持っていかない」というRの意志に沿ったやりとりがみられています。
　一方，こうしたやりとりがみられた7カ月ほど後の③のエピソードでは，R自身の希望を伝えたいのに，父親の希望をたずねるかのような発言を繰り返してしまい，うまく伝えることができていません。
　これらの例にみられるように，子どもが自分の意図を明確にし，表出していくことが，ことばの発達とあいまって発達していくと考えられます。

は，子どもたちが「今」「ここ」で直接接する対象とは異なる世界を持ち始めたことと密接に関連しています。たとえば，子どもが過去や未来，自分や他者の心を理解することとも関連しているのです。

　ことばを使う能力は，子どもの発達に関するさまざまな要因と結びついています。ことばを使うためには，1歳の誕生日までに積み上げられてきた，周囲の具体的なもの（例：日常的に接するおもちゃ）との，あるいはそれを間にはさんだ他者との相互作用が基礎になっています（第3章）。それが適切になされるには，養育者との情緒的な関係（第5章）も基礎の一つです。

　一方で，このようにことばを使い始めた子どもが，大人と同じように世界を理解できるようになったとか，何でも想像し，考えられるようになったわけではないことには注意する必要があります。ことばを使い始めたとはいえ，この時期の子どもたちにとっては，まだ「今」「ここ」という，自分の前にある具体的な対象が重要です。そこから子どもたちがどのように理解を深めていくかについて，次の章で説明していくことにします。

6.1

> この章の中で，「**幼児語**」（くつを「クック」と呼ぶ）の例がありました。他にどのような幼児語（親などが積極的に使う場合「育児語」とも呼ばれます）があるでしょうか，挙げてみてください。また，そうした幼児語の特徴としてどのようなことがあるでしょうか。いくつかのことばの共通点から考えてみてください。

memo

6.2

> 　本文中にある，「鏡の中の自分がわかる」ことについて，それができないとされている動物（たとえばペットとして飼われているイヌやネコ）に鏡に映った自分の姿を見せたら，どのような反応をするでしょうか，考えてみてください。（なお，インターネットの動画投稿サイトでも，飼い主がペットに鏡を見せた際の反応を投稿している動画を数多く見ることができます。）

memo

6.3

　2歳前後に，子どもたちは「（自分がしたことについて）恥ずかしさ・罪悪感を感じる」，さらには「（自分が何かできたことについて）誇らしい」という感情を見せ始めると考えられています。これらの感情は「自己意識的情動」と呼ばれたりします。どのようなところが「自己」とかかわっているのでしょう。この章で説明された内容も参考にしながら，説明してみてください。

memo

6.1

　イヌを「ワンワン」，自動車を「ブーブ」と呼ぶような，名詞の幼児語もあれば，寝ることを「ネンネ」というように，動作についての幼児語もあります。さらに，麺類（食べ物）を「チュルチュル」と言ったりするのは，動作から転じて名詞もさすようになったものといえるでしょう。このような幼児語には，さまざまな方言も存在していますし，各家庭でしか通用しないオリジナルのものも存在しているかもしれません。

　これらの例にみられるように，幼児語にはイヌの鳴き声のように，音をそのまま表現する，いわゆるオノマトペが多数含まれています。また，それに関連して，繰返し構造も特徴といえるでしょう。小椋（2006）は，こうした語そのものの特徴とともに，大人が使う語と同じでも，ことばの最初に「お」をつけたり，最後に「さん・ちゃん」をつけること（例：キリンさん）も，親などが子どもに向けて使う育児語のことばづかいの特徴としています。

　さて，オノマトペの使用は，「意味するものと意味されるものの関係が非常に近い」（小椋，2006，p.71）ことに言語獲得上の意義があると考えられます。つまり，「ワンワン」でいうならば，ことば自体がイヌの鳴き声をあらわしていて，指示する対象の一部を含んでいるのです。これに対して「イヌ」という音には，動物の「イヌ」そのものと具体的に結びついた要素は含まれていませんから，そのぶん「わかりにくい」記号になるわけです。小椋（2006）は，養育者がこのような語を使うことで，子どもが「シンボル媒体」を使いやすいようにしていると述べています。

　日本語以外，たとえば英語にも，子どもが使うことの多い（しばしば繰返しを伴う）オノマトペ表現が存在しています（例：汽車ポッポといった意味のchoo-choo）。しかし，親がどの程度積極的に使うかには，文化差もあるようです。小椋（2006）が紹介する日米の比較研究（Fernald &

Morikawa, 1993）では，日本の母親のほうがアメリカの母親より長期間，また，広い範囲でこうした育児語を使うという結果がみられており，これは，アメリカの母親が子どもにことばを教えることを目標にするのに対し，日本の母親が，子どもが模倣しやすいこと，さらには，情緒的な関係をつくることに関心が強いためであると解釈されています。つまり，幼児語・育児語を使うことが，親子関係の質やコミュニケーションの目標とも結びついている可能性があるのです。

A6.2

　インターネットの動画投稿サイトで，鏡に映った自分自身を見たネコなどの反応を見ていると，あたかも他のネコがそこにいるかのように，様子をうかがったり，威嚇したり，攻撃したりするように見えるものが少なくありません。

　本文中にもあるように，これまでの研究では，鏡に映った自分の姿を「自分」の像として認識できるのは，ヒトや類人猿など，限られた種の動物という考え方が一般的です。ですから，イヌやネコがはじめは上のような反応をしていても，鏡に接する経験を増やせば，やがて2歳の子どもと同じように「自分の姿」がわかるようになるわけではないといえます。板倉（1999）は，イヌやネコは，鏡に映った像が実在しないことに気づき，やがて関心を失う，と述べています。私たちは，特にペットの動物などについて，私たちと同じように自分がどんな姿か知っているのではないか，と考えて接しがちですが，実際は私たちの理解の仕方と大きな違いがあるといえるでしょう。

　ただ，動物たちの行動にも，彼らが「自分」と「他者」の違いや関係を理解していると感じさせる様子はみられます。たとえば，群れで社会的な関係を保って生活したり（例：オオカミ，ニホンザル），特定の雄雌のつがいが協力して子育てをしたりする（例：コウテイペンギン）といわれる

種はみられます。「鏡に映った自分」は理解できなくても，また，ことば
で「私は〜です」と説明することはなくても，他者（他の個体）との関係
の中で自分がどのような立場・役割なのかがその行動に反映されていると
考えることができます。

　最初の問いからだいぶ外れてしまいますが，こうした例からは「自分と
は何か」という問いに，さまざまな観点から答えられることがわかります。
鏡に映った「私」がわかることも，その答えの一つですし，家族や友だち
との毎日のやりとりの中で，自分がどんな存在か明確になると考えること
もできます。「自己（私）」とは，それをみる見方（ここで言うなら，鏡を
使うか，自分についてことばで表現するか，他者との関係を分析するか）
に応じてあらわれるものといえるでしょう（第1章，第8章の内容も参考
にしてください）。

A6.3

　問いの文章の中に，すでにカッコ書きで書かれていますが，「恥ずかし
さ」や「罪悪感」の感情は，「自分が」失敗したとか，「自分が」他人に損
害を与えたといった行動に結びついて経験されます。そして，その行動は，
他人から自分自身への反応（ネガティブな感情や評価）につながっていま
す。「誇らしい」というのは，その逆で，「自分の」ある行動にもとづく，
自分に対するポジティブな評価と結びついているといえるでしょう。

　つまり，こうした感情は自分の行動の結果と，それにもとづく他者から
自分自身への評価に密接に結びついています。言い換えると，ある行動の
主体として「自分」が理解され，それに対して周囲の人から評価がされて
いることの理解と，このような感情にはつながりがあります。こうした特
徴から，ここで挙げたような感情は「**自己意識的情動**」などと呼ばれます
（他者の反応が重要であることから「他者意識的情動」と呼ばれることも
あります）（坂上，2012）。

　これに対して，「怒り」や「恐れ」の感情は，このように自己の行動と
その結果に対する他者の評価という側面が明確ではありません。そして，
これらの感情は，子どもたちが鏡に映った自分自身について理解し始める
よりも前から見られると考えられています。

参 考 図 書

今井 むつみ（2013）．ことばの発達の謎を解く　筑摩書房

　この章で取り上げた，「単語を見つける」ことをはじめ，ふだんあらためて考えることのない，ことばを身につけることの難しさや，それを可能にすると考えられているしくみの精妙さがわかりやすく解説されています。

板倉 昭二（2006）．「私」はいつ生まれるか　筑摩書房

　この章で取り上げた「鏡に映った自分」の理解をはじめ，乳児期からの子どもたちの発達について「自己」「他者」の理解に着目しながら，さまざまな実験を紹介しつつ説明しています。

第7章 子どもたちの考える力の育ち
——幼児期の発達①

　幼稚園や保育所，認定こども園で，3歳児クラス（いわゆる「年少組」）から5歳児クラス（「年長組」）までの子どもたちの様子を比べてみると，身体の成長はもちろん，考え方やコミュニケーション，関心を持つものもかなり違っています。3歳児クラスでは，何をして遊んでいるか聞いてもうまく説明できなかった子どもたちが，小学校入学前の5歳児クラスになると，こちらが聞いた以上のことを教えてくれたりします。また，数や文字といった，小学校で学ぶ内容への関心が強い子どもたちも多くみられるようになります。

　このような変化からもわかるように，この時期には，自分の身の回りのことや自分自身についての理解に大きな変化が起こっています。一方，この時期の子どもたちは，大人と異なる特徴的な「ものの見方」を持っているとも考えられています。この章ではそのような幼児期の子どもたちの世界のとらえ方，考え方の特徴をみていきたいと思います。

7.1　幼児期の子どもたちが持つ数や量の理解

　この本でここまで何度か登場したピアジェによる発達理論では，1.5～2歳くらいから7～8歳くらいまでの時期を「前操作期」（あるいは「前操作的思考の段階」）という語で呼びます（Piaget, 1970 中垣訳 2007）。この時期は，ことばを使い，いわば「目の前にない」ものを思い浮かべることができ始めます（第6章参照）。一方で，具体的な対象にもとづく論理的思考（第9章参照）が本格的に働き始める前の段階でもあります。

　では，この時期にみられる思考とはどのようなものでしょうか？　ピアジェは，さまざまな実験的な課題の結果を示しながら，この時期の子どもたち，特にこの「前操作期」でも後期にあたる4歳ごろからの子どもたちがみせる特徴的な考え方をまとめています。その中で，よく知られたこととして，

	第1段階	第2段階	第3段階
数の保存課題	● ● ● ● ● ● ● ● ● ● ● ● ● ● 「ここにあるのは同じ数でしょうか，それとも違う数でしょうか？」	● ● ● ● ● ● ● ● ● ● ● ● ● ● 「よく見ていてください」（一方の列を広げる）	● ● ● ● ● ● ● ● ● ● ● ● ● ● 「では，これは同じ数でしょうか，それとも違う数でしょうか？」
液量の保存課題	「これは同じ量のオレンジジュースでしょうか，それとも違う量でしょうか？」	「よく見ていてください」（一方のグラスのジュースを細長い容器にそそぐ）	「では，これは同じ量のオレンジジュースでしょうか，それとも違う量でしょうか？」

図7.1　ピアジェによるさまざまな「保存」の課題
(イラスト・質問文は Siegler et al., 2017 にもとづく)

これらの課題は，いずれも3つの段階をふんで実施されます。まず，第1段階で，数（おはじきなどを使用する）や液量について子どもに質問し，同じ数・量であることを確認します。次に第2段階では，子どもの目の前で液体を別の容器に移したり，数はそのままで間隔を広げたりします。最後の第3段階で，あらためて同じ数・量であるかどうか確認します。このとき，「保存」の認識が十分獲得されていない幼児は，数や量が違っていると答えます。

「数」や「量」についての特徴的な考え方があります。

　たとえば，数について，図7.1のように，2種類のおはじきをそれぞれ同じ数並べ，子どもに同じ数であることを確認した上で，片方だけ間隔をあけて並べ直してから再度たずねると，この年齢の子どもたちの多くは同じ数ではなく間隔が開いたほうの数が多いと答えます。また，液量について，同じ量であることを確認した上で，片方を細長く背の高い容器に入れ，もう一度たずねると，水面が高くなったほうが多く入っていると多くの子どもたちが

答えます（Piaget, 1952）。

　子どもたちが，論理的な考え，たとえばおはじきを増やしたり減らしたりしていないのだから数は変わらないとか，たくさんあるように見えるほうは，おはじきの間のすきまが開いているからだといったように説明することがみられるようになるのは，おおまかに言って小学校に入る前後の時期（7〜8歳くらい）と考えられました。このような理解を，ピアジェの理論では**保存**という概念を使い，「数の保存」や「液量の保存」の認識が獲得されたと表現します。

7.2　幼児期の思考の特徴

　この時期から小学校低学年にかけての年齢の子どもたちの考え方を知るためにピアジェとイネルデが行った実験として，図7.2のような模型を使ったものもよく知られています（「三つ山問題」などと呼ばれます）。子どもをこの模型の一つの端に座らせて，たとえばその反対側の視点からどのように見えるかをたずね，絵のリストの中から選ぶなどして答える課題です。この課

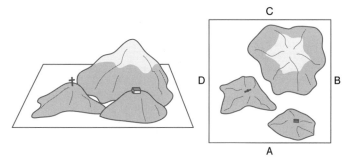

図7.2　「三つ山問題」（Piaget & Inhelder, 1956による）
ピアジェらは，このような模型（見る場所A・B・C・Dによって，山の見え方が異なる）を用いて，子どもたちに，自分が見ているのとは異なる方向から模型を見た際に，どのように見えるかを，複数の絵から選ぶなどの方法で答えるよう求めました。異なる視点からの見えを正しく答えられるようになるのは，9〜10歳ごろの時期であるといわれます。

題で，正しく反対側の視点からの見え方を答えられるようになるのは，7.1
節で説明した数や量の保存の理解からさらに後の 10 歳前後とされています。
6 歳くらいの子どもたちは，自分から見える景色が向こうからも見えると答
えることが多くみられます。つまり，自分から見えるものと（たとえば向こ
う側にいる）他の人からの見えについて，うまく区別し推論することが難し
いと考えられています（Piaget & Inhelder, 1956）。

　幼児期の子どもたちは，このように特徴的な考え方をみせます。それは，
子どもたちの経験不足によるもので，きちんと説明したり，練習をしたりす
ればすぐにわかるはずだと思われるかもしれません。しかし，必ずしもそう
ではなく，この時期の子どもたちには，このような考え方をする傾向が強い
のです。ピアジェの考え方にもとづくと，この年代の子どもたちの思考の特
徴は「自分に明確に見えるもの（たとえば自分からの山の模型の見え方，前
節の「液量の保存」であれば水面の高さ）をもとに判断している」こと，そ
れとは異なる見方をうまく考慮できないことにあると考えられます。幼児が
さまざまな場面で示すこのような考え方の特徴を，ピアジェは「**自己中心
性**」や「（自己への）**中心化**」ということばで表現しました（Piaget, 1970 中
垣訳 2007）。

　前節やこの節で説明した，ピアジェによる諸研究が最初に発表されたのは
主に 1940 年代のことで，ピアジェらの理論的説明が示された後，課題の与
え方を変えることで，子どもたちがより適切な回答をするようになるという
研究や，ピアジェらと異なる説明もなされました（鈴木，1993）。しかし，
ここで紹介したような特徴的な答えが，子どもたちから多く示されることを
考えると，この時期の子どもたちの考え方に，独特の特徴があることは間違
いなさそうです。そう考えると，この時期の子どもたちに，数や量，計算を
はじめとした論理的な考え方をとにかく早くから教え込もうとするのは良い
方法とはいえないでしょう。むしろ，生活の中で数や量といったものにふれ
ながら，理解を深めていくことが必要と考えられます（**Q7.1**，**A7.1**）。

7.3　他者の心を理解することの発達

　ピアジェらの研究以降も，幼児期の子どもたちのものの見方，とらえ方をめぐってさまざまな研究が行われました。その中では，これまで説明したような，数量や空間の理解にかかわる内容だけでなく，自分や他者の「心」，つまり，自分や他の人が「知っている」「感じている」といった内的状態の推論や理解をめぐっても，多くの研究が行われています。そして，子どもたちの考え方の特徴が明らかになっています。

　第6章でも説明したように，ことばを使い始めた子どもたちは，自分や他人の内面（感情や意識，思考など）について，さまざまなことばを使えるようになっていきます。最初はうまく表現ができない子どもたちも，徐々に上手に内面をあらわせるようになっていきます。このように，子どもたちが自分や他人の「心」の働きや特徴について理解していく過程全般を，心理学では**心の理論**[1]の発達と呼んで研究しています。

　心の理論の発達でも，幼児期の子どもたちは，特徴的な考え方を持つといわれています。そのような特徴をあらわすものとして，多くの研究で取り上げられているのが，図7.3のような課題です。この課題は，出来事の流れをすべて見ている子どもが知っている事実（人形は箱の中にある）と異なる，他者の「誤った信念」を推測する「**誤信念課題**」（Baron-Cohen et al., 1985）と呼ばれます[2]。

---

[1]「心の理論」の基本的な概念は，プレマックとウッドラフ（Premack & Woodruff, 1978）が「チンパンジーは心の理論を持つか」という題の論文で提案しました。この論文では，チンパンジーが他の仲間や飼い主の人間について，自分自身や他者の「目的」「意図」「信念」などを理解し，その行動を予測できることを「心の理論」を持つと考えました（子安，2016）。

[2] この課題は，自閉症スペクトラム障がい（自閉スペクトラム症）の子どもたちを対象とした研究で発表され，しばしば障がいの特徴と関連づけて紹介されます。そうした障がいのある人たちが，この課題で他者の誤った信念を推測することに失敗することが多いことは知られていますが，「心の理論」の考え方は，自閉症の診断

　部屋の中に，いずみさん
となつこさんという女の子
がいます。いずみさんは人
形を持っています。部屋の
中にはカゴと箱があります。
　いずみさんは，人形をカ
ゴの中にしまうと外へ遊び
に行きました（①）。いず
みさんがいない間になつこ
さんは，人形をカゴから箱
の中に入れ替えてしまいま
した（②③）。
　遊びから帰ってきたいず
みさんが，人形を探すのは
どこでしょう？（④）

図7.3　誤信念課題の例（子安ら，2000）

　この課題では，4〜5歳の時期までの子どもの多くが，（図7.3の例でいう
なら）いずみさんは人形が箱の中にあることを知っているような行動（その
中を探す）をすると答えます。つまり，一連の出来事を見ていないはずの登
場人物も，それを見ていた子どもたち自身の知っている実際の状況に沿った
行動をすると答えることがとても多いのです。これは，子どもたちが「他者

を主な目的として提唱されたわけではなく，この課題で障がいの診断がつけられる
こともありません。

の持つ表象」について「いずみさんは見てないから知らないはずだ」というように推測することが難しいためと考えることができます。

　この時期の子どもたちが，このような考え方をする具体的な理由については，研究者の間でさまざまな考え方がありますが，一つの要因としてことばの発達との関係があるとされています（Milligan et al., 2007）。たとえば，子どもが「誤信念課題」について考えるときには，実験者が提示した出来事について，「最初に○があって，次に△のようなことが起きて」と筋をつくり，自分が見た内容と区別しながら，自分には見えない登場人物の心の中を考えることになります（熊谷，2004）。このような思考は，ことばによる表象の力と密接な関係にあると考えられます。また，子どもが参加する日常的なやりとり，たとえば絵本を読む場面などで，母親が「思う」や「考える」といった，心に関する発話を多くする場合，他者の持つ信念についての理解が，相対的に早くできるようになる傾向があるという研究（園田，1999）もあります。ここでも，子どもの発達は家族などとの日常的なやりとりに支えられることが示されているといえるでしょう。一方，このような他者の心の理解は日常的なやりとりの変化，たとえば「うそをつく」といった行動がみられることとも結びついていると考えられます（Q7.2，A7.2）。

7.4　ことばの発達と文字への関心

　ここまで説明してきた，子どもたちの考える力の発達は，ことばを使うことの変化と並行しながら生じていきます。7.3 節で説明した，心の理論の発達とことばの関連はその例の一つといえます。つまり，この時期，ことばは他者とやりとりをする際，何かをあらわし，共有する道具として用いられる（たとえば「イヌ」という発音を，ある種の動物をさすために使う）だけでなく，目の前に存在しないものを思い描き，それをもとに「考える」ための道具へと変化していくといえるでしょう。

　もう一つ，この時期の子どもたちとことばのかかわりの中で重要なことと

して，書きことばへの関心が挙げられます。日常的に意識することはあまりないかもしれませんが，「話しことば」と「書きことば」には異なるところが多く，話すことができれば書くことが自然と身につくわけではありません。字を書くことには，この章でふれた内容も含めて，さまざまな力が必要となります（具体的なことを Q7.3，A7.3 で考えてみてください）。

　現在の日本では，多くの子どもたちが幼児期の生活の中で，話しことばの世界から書きことばの世界へと活動を広げていきます。幼稚園や保育所などでの活動をはじめ，生活の中で，子どもたちはさまざまな書きことばにふれ，それを使うことへの関心を深めていきます。絵本にふれることは，その例の一つといえるでしょう。

　子どもたちの書く内容は，はじめのうちは，どのような内容も同じ（少なくとも大人にはそう見える）「文字」で表現されたりしますが（図7.4），次第に意味のわかる表現がなされていきます。そして，幼児期の後半になると，幼稚園の「お手紙ごっこ」といった遊びも成り立つようになり（図7.5），社会の中での使われ方により近づいていきます（横山ら，1998）。

ドラえもんの絵描き歌を歌いながら描く

「ドラえもん」と言いながらドラえもんの
「名前」を書く

「ももちゃん」と言いながら自分の
「名前」を書く

図7.4 「文字」を書き始めた子ども（2歳0カ月）の表現（高橋，2015）

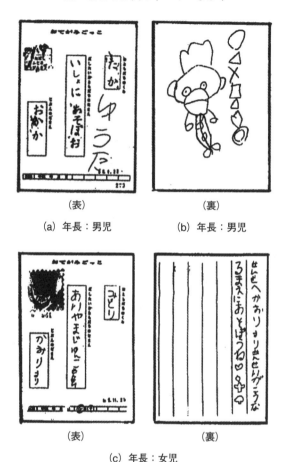

(a) 年長：男児　　　　(b) 年長：男児

(c) 年長：女児

図7.5　幼稚園の「お手紙ごっこ」で書かれた手紙の例 (横山ら，1998)

7.5 まとめと次の章へのつながり

　この時期の子どもたちは，ことばの力を成長させながら，自分の身の回りのものと積極的にかかわり，また，周囲の人たちとのかかわりの中でさまざまなことを知り，考える力を発達させていきます。ただ，そこでの子どもたちの「理解」，たとえば数や量のとらえ方には，大人が通常考えるものとは

少し異なるところがあります。また，自分や他者の「心」の理解について，この時期に大きな変化がみられることがわかってきています。

　このような変化が，子どもの行動に劇的な変化をもたらすか（たとえば，「誤信念課題」で，他者の誤った信念を推測し答えられるようになったら，友だちとの遊び方が大きく変わるか）というと，必ずしもそうとはいえません。しかし，ここでみたような自分や他者の理解の変化は，この後，児童期や思春期にかけて，子どもたちが人とかかわりながら関係を深め，自分づくりをしていく基礎といえます。次の章では，他者との関係の中で，子どもたちがさまざまな価値観などを身につけながら，自分づくりをしていく様子をみていくことにします。

7.1

　小学校に入学する時期の子どもたちは，数や量について 7.1 節で説明したような，幼児期にみられる考え方を示す場合があります。このことをふまえて，この時期の子どもたちに数や量について教えるときに，どのようなことに注意する必要があるかを考えてみてください。

memo

Q7.2

この章で紹介した，4〜5歳の時期に「（自分の知っている事実と異なる）他者の信念の推測」ができるようになること（7.3節）は，「（意図的に）うそがつけるようになる」ことと密接に関連していると考えることができます。なぜ，「他者の誤った信念の推測」と，うそをつくことが関係するのでしょうか。説明してみてください。

memo

Q7.3

　文字を書き始めた時期の子どもたちは，しばしば「鏡文字」を書きます。たとえば，「も」や「り」が左右逆になったり，「ま」の下半分（「結び」）が左右逆になったりします。

　鏡文字を書く理由については，いくつかの説があり，はっきりした結論は得られていませんが，どのような理由が考えられるでしょうか。

memo

A7.1

　みなさんの中には，小学校に入学したら数字を習い，すぐに計算を始めると思った人もいるのではないでしょうか。確かに，小学 1 年生の算数には，「加法及び減法」，つまり「足し算」と「引き算」，また，長さや面積などを直接比べるなどの内容が含まれています（文部科学省「小学校学習指導要領（平成 29 年告示）」）。

　しかし，その基礎となる「数」や「量」の考え方を十分に知ることがまずは必要となります。学習指導要領でも，「数の概念」や「数量や図形についての感覚」を身につけることが強調されています。そして，「具体物を用いた活動」の重要性が繰返し挙げられています。つまり，いきなり数字と計算を教えるのではなく，まずは具体物を使いながら，数や量がどのようなものかを理解することが求められているのです。

　この時期の子どもたちに数や量を教える際には，このことが重要といえるでしょう。その理由の一つとして，この章で説明した子どもの認知発達も挙げられます。たとえば，7.1 節で説明したように，ものの並び方や見かけが変わると，数や量が「増えた」「減った」と考える子どもたちは，たとえ数字を読むことができるようになっても，その背後に考えられている数や量についての理解が大きく異なります。その状態で，正答が出せるようになったとしても，それは計算することの本質的な意味を理解した上での正しい答えとはいえないでしょう。

　これに対して，指導にあたっては具体物を使って理解していくことが強調されるわけです。つまり，抽象的な記号である数字を覚え込むのではなく，具体的なものを数えたり，具体的なものを使って計算を確かめたりしながら理解を深めていくことが求められているのです。

　逆に言えば，このような理解を深めていくためには，学校の算数の時間以外にも生活の中のさまざまな機会が生かせます。家の中であれば，たと

えばおやつの時間のお菓子の個数やジュースの量など，家の外にいるとき
には，車の台数や買い物の個数など，数や量にふれる機会は生活の中に数
多くあります。このような機会を通して，子どもの理解を少しずつ深めて
いくことが，学校での学びとともに大切なことといえるでしょう。

▲7.2

「広辞苑　第7版」（岩波書店）の説明を一部引用すると，うそとは「真
実でないこと。また，そのことば。いつわり。」とされています。この定
義に従うなら，4歳以前の子どもたちであっても，真実でない発言をする
ことはありますから，「うそをついている」といえるかもしれません。一
方，心理学の辞典（「心理学辞典」有斐閣）では「意図的にだます陳述」
をさすという説明もあります（村井・島田，2013）。

このように，意図的に人をだまそうとして，言い換えるなら「自分が知
っていることとは違うことを，相手に信じさせる」意図でなされる「う
そ」は，この章で説明してきたような，他人の信念を推測する力と関係が
あると考えられます（林，2013）。このようなうそをつくためには，①自
分が知っていることとは区別して，相手がどこまで何を知っているかを考
えること，②相手の信じる内容は，見たり聞いたりした内容にもとづいて
いること，の2つのことを理解し，それをもとに相手をだますための発言
や行動をすることが必要となります。ここで働いているのは，本文で説明
した「誤信念課題」で推論するために必要な力，少なくともその一部とい
えます。この課題では，自分が見て知っていることと，登場する子どもた
ちが知っていることを区別した上で，登場する子どもたちが見たことにも
とづいた信念の推測をする必要があるからです。

このように，日常的にみられる子どもたちの行動の背後にも，子どもた
ちの認知発達をみてとることができます。もちろん，うそをつくことや人
をだまそうとすることは，子どもたちに積極的に勧められることではあり

ません。しかし，そうした行動も，子どもの発達をあらわす出来事として
とらえることで，新しい見方ができるでしょう。

A7.3

　まず，子どもが字をよく知らず，不確かな知識で書いているからという
理由が考えられます。確かに，同じ年齢でも，字についての知識が多い子
どものほうが，鏡文字と正しい文字を混同することが少ないという研究結
果があります（三浦ら，1987）。しかし，このような区別ができる子ども
でも，鏡文字を書くことがある程度みられます。つまり，知識があれば鏡
文字をまったく書かないというわけではないようです。

　子どもの空間のとらえ方や，左右の区別についての理解も影響する可能
性があります。左右を正確に理解するためには，自分にとっての左右と，
自分に向かい合った相手にとっての左右が異なることも理解する必要があ
ります。自分にとっての右が，向かい合った相手にとって左になる，とい
う理解は，視点・立場による違いの理解ともいえます。字は常に書き手，
読み手にとっての左右が重要ですが，この考えがあいまいだと，左右を区
別する意味はなくなってしまうでしょう。つまり，この章で説明したよう
な認知発達も関連して，上のように左右のとらえ方が不明確な場合に鏡文
字を書くという考え方です。この説について，左右の区別ができる子ども
たちは，そうでない子どもに比べて鏡文字と通常の文字を混同することは
やや少ないですが（三浦ら，1988），こうした理解の発達によって，鏡文
字を書くかどうかがすべて決まるかというと，やはり，そうとはいえない
ようです。つまり，上記の知識に関する説明のように，ある程度関連がみ
られるという説明しかできません。

　最後に，運筆（字を書く際の手の動き）が影響するという説を紹介しま
す。幼児は，上から下へ，また時計回りに手を動かす傾向があり，一方で，
「も」「し」といった字は，反時計回りの手の動きを求められるため，動作

の傾向と逆向きの動きが必要になる字では鏡文字を生じさせやすいという考え方です（池田，2002）。字によってはこの説も説得力がありますが，やはり，この考え方ですべて説明するのは難しいといえます。

　このように，「鏡文字」を書く理由をめぐっては，さまざまな要因が想定されていますが，決定的な理由ははっきりしません。逆に言うと，ひとまとまりの作業にみえる「字を書く」ことには，字の知識や左右の理解などをもとに正しい動作を行い，さらにその過程で正誤をチェックするというように，さまざまな要因が関係し，それが適切に組み合わされたとき，正しい字が書けるようになるといえます。

参 考 図 書

**子安 増生（編）（2016）. よくわかる認知発達とその支援　第2版　ミネルヴァ
　　書房**

　第3章やこの章で取り上げた，乳児期・幼児期の認知発達にかかわるさまざま
なトピックが取り上げられ，それぞれ平易に解説されています。

**清水 由紀・林 創（編著）（2012）. 他者とかかわる心の発達心理学——子どもの
　　社会性はどのように育つか——　金子書房**

　この章で取り上げた「心の理論」をはじめ，本書で紹介したさまざまな研究テ
ーマ（たとえば「指さし」（第4章），「パーソナリティの理解」（第10章））に取
り組む研究者が，その面白さや意義についてわかりやすくまとめています。

第8章 関係の中で成長する
——幼児期の発達②

第7章で取り上げた3歳から5歳にかけての時期には，子どもたちの間のコミュニケーションにも大きな変化がみられます。たとえば，幼稚園や保育所，認定こども園などの3歳児のクラスでは，自由に遊べる時間に子どもたちが「一緒に」遊ぶといっても，集まってめいめいが好きなことをしていることが多く，やりとりは多くありません。しかし，小学校入学前の5歳児クラスになると，話し合ってアイディアを出し合い，協力しながら砂山に水を流して遊んだり，ルールを決めて鬼ごっこやゲーム遊びをしたりする様子もみられるようになります。こうした他者とのかかわりの成長の中で，子どもたちは社会の一員としての振る舞い方，考え方も身につけていきます。この章ではいくつかの観点から，このような育ちの様子を取り上げていきます。

8.1 「友だちと仲良く遊ぶ」ために必要な力

幼稚園や保育所，認定こども園などで教育・保育の目標とされていることは多岐にわたります。たとえば，文部科学省が幼稚園教育のねらいや内容を定めた「幼稚園教育要領」（平成29年告示）では，「健康」「人間関係」「環境」「言葉」「表現」の5つの領域に分けて，子どもたちにどのような働きかけをしていくか，どのような経験をすることが望まれるかが書かれています。これらはどれも大切な内容を含んでいます。しかし，幼稚園や保育所，認定こども園などに通う子どもたちの保護者の立場になったときに，多くの人が重視することとして「友だちと上手に関係をつくれる」ことや「仲良く，楽しく遊べる」こと，つまり「人間関係」に関する内容が挙げられることは少なくないでしょう。

友だちは多いほうがいいのか，それとも気の合う少数の友だちと関係を深めるべきか，良い友人関係の基準は人それぞれですし，文化によっても異な

ります。心理学的にも必ずしも 1 つの答えにまとまりません。ただ，子ども
たちの**関係づくり**の基礎となることを挙げることはできそうです。

　子どもたちの対人行動上の問題，言い換えるなら「気になる行動」を調べ
た調査や，友だち関係のために必要になるスキルを調べる研究からは，関係
づくりのためには「いざこざ場面で気持ちをコントロールできる」というよ
うに，行動をコントロールする力，「友だちをいろいろな活動に誘う」とい
うように，周囲の友だちに働きかけてうまくかかわりをつくる力などが関連
していることがわかります（金山ら，2011）。こうした力を**社会的スキル**あ
るいは**社会的コンピテンス**[1]と呼びます。

　このような子どもの行動の育ちは，子どもの「自己」の働きとその育ちと
いう観点から考えることもできます。やんちゃでけんかが多い子は「『自分』
を主張する」力は強いけれど「『自分』をコントロール（抑制）する」こと
が少々苦手な子ども，一方，穏やかだけれど内気でなかなか友だちとかかわ
れない子どもは，逆に「『自分』を主張する」ことが苦手といったように考
えることができます。こうした力を「**自己主張・実現**」と「**自己抑制**」とい
う概念を使ってみていくと，発達的にその力が伸びていくことがわかります
（図 8.1，表 8.1；柏木，1988）。つまり，成長とともに，自分の思いを主張
したりコントロールしたりする力がついていき，また，その軌跡からは，自
分を主張する力が 3 歳から 4 歳にかけて明確になる一方，自己抑制の力は 3
歳から 6 歳にかけて徐々に発達することもうかがえます。

8.2 子どもの振る舞いの個性を決めるものは何か

　こうしたコンピテンス，あるいは，自己主張や自己抑制には，年齢に沿っ
た発達だけでなく，個々の子どもによる差（個人差）も存在しています。こ

---

[1] コンピテンス（competence）とは，「能力」「力量」といった意味を持つことば
です。

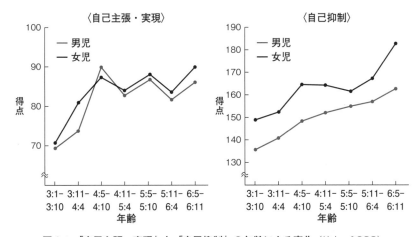

図8.1　「自己主張・実現」と「自己抑制」の年齢による変化（柏木，1988）
〈自己主張・実現〉と〈自己抑制〉では調べた項目数が異なるため，縦軸の得点も異なります。年齢は，年齢：月齢となっており，3：1は「3歳1カ月」をさします。

表8.1　「自己主張・実現」「自己抑制」の調査に用いられた調査項目の例
（柏木，1988）

自己主張・実現	自己抑制
• いやなことは，はっきりいやと言える • 遊びたい玩具を友達が使っている時，"貸して"と言える • 入りたい遊びに自分から"入れて"と言える • 他の子に自分の考えやアイディアを話す	• 遊びのルールが守れる（ズルをしたり，ごまかしたりしない） • 友達の物や他の子が使っている玩具を欲しいと，すぐにとる • （絵や工作などが）思い通りゆかないとかんしゃくを起こす （注：後者2つの行動は，こうした様子がみられることが少ない場合に自己抑制が高いとみなされます。つまり，「すぐにとらない」「かんしゃくを起こさない」子どもが自己抑制が高い子どもということです。）

　の個人差はさまざまな要因の影響で生じると考えられます。たとえば，親の価値観や子育ての考え方は，毎日のやりとりを通して子どもの行動を方向づけるでしょう。少々乱暴でも元気なのが一番と考える親は，荒っぽくても子

どもが自己主張する行動を肯定し，評価するでしょう。そうした働きかけは，その後の子どもの同じような行動を強める働きがあるといえます[2]。一方，友だちとかかわることより，一人でじっくり本を読んだり，作りたいものに取り組んで完成させたりすることに価値を置く家族は，友だちに対して主張ができなくても，それを取り立てて気にしないかもしれません。その結果，子どもはそうした時間を増やしていくでしょう。

　こうした考え方の違いだけでなく，養育者，特に両親の精神的な疾病，中でも「うつ」の諸症状が，子どもの行動上の問題と関連していることも明確になっています（Cummings et al., 2005）。これは，第5章で説明した養育者と子どもの関係の質に，親の精神的な不安定さが影響することや，両親の関係の不安定さが子どもに影響を与えることなどで生じると考えられています。

　子どもの行動の違いをもたらすものはこうした親の考えや心理だけではありません。たとえば，家庭の経済的な苦しさは，子どもたちの知的・社会的な発達にネガティブな効果を持つと考えられています（Aber et al., 2012）。

　もう一つ，このような子どもたちの行動の特徴には，子どもたちが乳児のころから示す特徴（「**気質**」と呼ばれます）も影響していると考えられます。たとえば，乳児期から知らないものや環境に対して恐れを感じやすい子どもとそうでない子ども，活動性の高い子どもとそうではない子どもといった差があると考えられています。このような，発達初期の特徴とその後の子どもたちの行動の特徴にも関連が示されています（Guerin et al., 1997）。

　そして，こうした乳児期からの子どもの特徴が，親の子育てに影響する可能性もあります。たとえば，子どもの活動性が高くて人一倍動き回るために気が休まらない，何とかおとなしくならないかと考えていろいろ試しても，子どもが変わらないので，親がいら立ってしまい，それがさらに子どもに影

---

[2] これは，ある行動にいわば「賞」となるものなどを与えてその行動を増やしたり維持したりする，学習心理学で「**オペラント条件づけ（道具的条件づけ）**」と呼ばれる行動変容のしくみをあてはめて考えることもできます。

響するといったこともあるでしょう。このような，親子が相互に影響し合う過程はとても複雑なものになると考えられます。

　心理学的に調査していくと，子どもが保育の中で示す行動の特徴は，このように多様な要因が重なって生じているものです。さらに，こうした特徴については，見る立場や基準によって見え方が変わってくる側面もあります（Q8.1，A8.1）。そして，さまざまな障がいによって行動の特徴が生じている可能性も考慮する必要があります。1つの原因で説明できたり，ある働きかけで劇的に変わったりというようなことは考えにくいものです。

8.3　自己像をつくりあげる

　6.3節で，2歳前後から，子どもたちがことばを使って過去と現在を表現しはじめることを説明しました。このころから，子どもたちは自分の経験，たとえば保育所での経験や家族での外出などについての会話に参加し始めます（Nelson, 1989）。はじめは，外出した際の写真を見ながら親が「○○ランドに行ったよね？」と問いかけ，子どもが「うん」と答える，といったやりとりですが，次第に子ども自身が自分の経験を語り始めます。

　子どもたちはこのような会話を通して，周囲の人たちに助けてもらいながら自分の過去の経験についての理解をつくり上げると考えられています（Fivush & Nelson, 2006）。そのやりとりの中では，たとえば「練習したら運動会で一等賞をとれる」（表8.2 会話例①）というように，厳密に客観的な事実かどうかはともかく，印象に残る経験を時間の流れ，原因と結果のつながりなどで結びつけて（「筋立てて」）いきます。私たちの経験に関する記憶は，見聞きした出来事を動画を撮りためるようにそのまま貯蔵するのではなく，このように，印象的な出来事を結びつけた個人的なストーリーの積み重ねでつくり上げられています。心理学では，このように，自分にとって重要な出来事に関する記憶を**自伝的記憶**と呼びます。

　日ごろ意識することはないかもしれませんが，このように自分の経験の記

表8.2　保育所の４歳児クラスに通う子ども（みな　仮名）と母親の会話の例
　　　　　（母親の運転する車内で記録されたもの）

会話例①運動会の練習に関する会話（小松，2009，p.127）

母　ほいくえん　たのしかった？
子　うん
母　よかった
子　きょう　おそとで　あそんだんだよ　（うーん）　かけあしね　いちばんなの
母　おお　すごーい
子　なんにも　ぷれぜんと　もらえなかった
母　《笑》　きょうはね　でも　うんどうかい
子　うんどうかいの　ときは　みなが　いちばん　だよ　だって　（うん）　おそい　ひ
　　と　いっぱい　なんだもん

　　（中略　以下はかけあしに関する会話の続き）

子　うんと　ねえ　きょうは　さなえ　うんと　さなえちゃん　おやすみ　だから
　　《競争が》　さんにん　だったんだ
母　うん　みな　あさ　おきた　とき　ちょっと　おきて　ちょっと　したときに　お
　　とうさんと　ほら　いちに　いちにって　あしの　たいそう　したじゃない？
　　（ん？）　けさ　（こうやって？）　うん　（あるよ）　あれが　よかったの　かな？
子　あれって？
母　たいそうが　きゅ　きゅ　きゅ　きゅって　だから　いちばんに　なれたかな？
子　うんどうかいの　とき　れんしゅう　しなくても　みな　いちばんに　なれるよ
母　だめだよ　れんしゅう　しないと　ほかの　おともだちは　れんしゅう　してるん
　　だもん　おいこされちゃう

会話例②出席確認での子どもの行動に関する会話（小松，2011，p.18）

母　きょう　ほいくえん　たのしかった？
子　うー［んとね
母　　　　［みな　いつも　あんな　げんき　ないの？　《3秒あけて》　げんきでーすっ
　　ていう　ことばが　みなの　きこえなかった　おかあさんの　と［こまで
子　　　　　　　　　　　　　　　　　　　　　　　　　　　　　　　　［なんていった？
母　ちっちゃかったよ　いいやま　みなちゃーんって　せんせい　いったら　《ささやく
　　ように》　はーい　げんきでーすって　ちっちゃかった　こえが
子　《よわよわしい声》　はーい　げんきでーすって？
母　いつも　あんなに　しずかなの？
子　ううん　いつもは　《元気な声》　はい　げんきです！って　いうの
母　あ　そっか　きょう　おかあさんたちが　いたから　はずかしくなっちゃったの？
　　みな　はずかしがりやの　ところ　あるもんね　（うん）

注：（　）内の発言はあいづち，《　》は補足的情報，［は同時に発話している箇所。

憶を持つことは，私たちが過去からつながった（一貫した）存在である自分
の感覚を持つために重要です（序.2節参照）。また，社会で共有される価値
観，自分自身の特徴や能力といったものを理解する基礎ともいえます。たと
えば，表8.2の会話例①は，努力することの意味を子ども自身の経験と関連
づけていると考えることができますし，別の日の記録には，子どもの行動を
「恥ずかしがりやだから」と母親が説明する場面などがみられます（表8.2
会話例②）。

　会話はこのように，自分自身についての理解（**自己理解**）がつくり上げら
れる場であるだけではありません。それは，目に見えない他人の「感情」や
「考え」を理解する場としても重要な働きをしていると考えられています。
7.3節でも説明しましたが，日常会話で周囲の大人や年上のきょうだいが感
情や考え（「内的状態」）について多く言及する家庭で育った子どもは，誤信
念課題を早く通過したり，自分自身も感情や考えについて多く言及したりす
る傾向があります。つまり，心の理解がより早く進むと考えられています
（小松，2010）。

　一方，このような自分や他人の理解をつくり始める幼児期の子どもたちに
は，「自分」についての考え方にも特徴があります。たとえば，自分の「で
きること」（能力）について，幼児期の子どもたちは，全般的に自分自身を
とてもポジティブに考える傾向がみられます。質問すると，多くの子どもた
ちは「速く走れる」「友だちがたくさんいる」というような前向きな答えを
しばしば発します。これは，他者と自己を客観的な共通の基準で比較し理解
することや，理想の自分と現実を十分区別すること，他者の視点からの評価
を十分理解することが難しいためと考えられています（Harter, 2012）。

　また，子どもたちは過去の経験についての会話を繰り広げる一方で，ある
時期まで，自分の現在と過去のつながりの理解に特徴があることを示す研究
もあります。これは，6.4節で説明した「鏡映自己像の認知」の実験のバリ
エーションです。まず，子どもと実験者が遊んでいる様子を動画に撮ります。
その途中で実験者が頭をなでる場面をつくり，そこでこっそり気づかれない

よう，子どもの頭にステッカーを貼ります。この場面も動画に撮っておきます。3分ほどしてから，その（子ども自身が映った）動画を子どもと見るのですが，ステッカーを頭に貼られた場面を見て，（「さっきいたずらされた！」というように）すぐに頭に手をやったりするのは4歳以降の子どもたちで，3歳代までの子どもたちはそのような行動を示すことが少ないという結果がみられます（Povinelli et al., 1996）。この結果は，3歳代までの子どもたちにとって，「今の自分」と「過去の自分」（ここでは「動画の中の3分前の自分」）が，私たちが考えるのとは少し違った結びつきを持っていることを示しています（Q8.2，A8.2）。

8.4　文化の中の振る舞い方・考え方を身につける

　私たちの振る舞いや人間関係には，国や地域，あるいはもっと小さな集団の中で，暗黙のうちに共有されているルールや基準のようなものがあります。たとえば，日本では，人と一緒にいるときに黙ってニコニコとしていると「おっとりした」「ほんわかした」人などと評価されて，ポジティブにとられることも少なくないでしょう。しかし，欧米の社会では，そうした場面で話をせずにいる人は「話すべきことを持たない人」，さらには「無能な人」として理解される傾向があるといいます。文化によって，同じような態度が望ましい行動か，どういう人物と評価されるかに違いがあるのです。

　国や文化によって子育ての仕方が異なることは，すでに乳児期から始まっています（Q3.2，A3.2）。たとえば，日本では乳幼児と親が1つの部屋で隣り合って寝ることは決して不自然ではありませんが，アメリカの白人の中流の階層では，子どもは乳幼児の早いうちから父母とは別の部屋で寝ることが一般的で，親子が布団を並べて寝るような過ごし方は不健全とする考え方がありました（Shweder et al., 1995）。近年でも，ヨーロッパ系アメリカ人を対象とした調査では，子どもが6カ月になるころには別々の部屋で寝るようにするほうが圧倒的に多数派です（Shimizu & Teti, 2018）。そして，夜中に

赤ちゃんが泣いたときの対応も，アメリカの育児書では「そのまま泣きっぱなしにしておく」ことがしばしば推奨されていました（恒吉ら，1997）。このような子育ての文化的な違いは，子どもの「自立」や「保護」の望ましいあり方（どこまで親がかかわるか，親子，さらに個人とはどこまで独立した存在なのか）についての価値観とつながったものと考えられます。

　こうした価値観は，子ども自身にも伝えられていきます。たとえば，子どもの自己理解のために重要なものとして8.3節で紹介した，子どもの経験に関する親子の会話にも文化差があります。ミラーら（Miller et al., 1997）の研究では，両親に従順で孝行するといった儒教の道徳が重視される台湾と，アメリカのシカゴで，経済的な背景などがある程度一致する家庭での親子の会話を比較しました。その結果，台湾では子どもの過去の振る舞いのうち，規律からの逸脱などを取り上げて「教訓」とする傾向があるのに対して，シカゴでは，楽しい話（娯楽）としての側面を強調しつつ子どもの過去の振る舞いについて話すといった文化差がみられました。これは，子どもの**自尊感情**[3]を低下させないようにするアメリカの価値観が反映されていると考察されています。子どものどのような行動がどのような意味を持つものとして評価され，子どもが自分自身をどのような子どもと考えるようになるのかには，それぞれの文化の中で共有されている価値観や考え方などが密接に関連しているのです（Q8.3，A8.3）。

8.5　まとめと次の章へのつながり

　子どもたちは，家庭という，もっとも親密な人間関係のある空間から，保育所や幼稚園，認定こども園などでの，同年齢のさまざまな他者との関係へと生活を広げていきます。ここでは主に3歳以降の発達について考えてきま

---

[3] 自尊感情は，私たちが「自分自身の価値」に関して持つ評価をあらわすものとされ，その高低がさまざまな行動と結びついていると考えられています。

したが，こうした人とのかかわりの中で，子どもたちは自分の振る舞いを調節する力を身につけ，また，自分自身を知り始めます。つまり，より広い社会の一員として，さまざまなことを身につけ始めるといえるでしょう。

　近年重視されているのは，このような環境を豊かなものにすることの必要性です。8.2 節で紹介した，アメリカで行われた研究のまとめ（Aber et al., 2012）では，こうした幼児期の環境に公的な資金を使い，充実させていくことが，その後の子どもたちの知的な発達への影響力を持つことが示されています。子どもたちの毎日の生活が，将来の学校での教育，さらに大人になってからの生活にかかわっているという視点を持つことが大切です。

　では，小学校に入ってからの子どもたちの発達を考えたとき，そこではいったいどのようなことが起きているのでしょうか。次章からは児童期から思春期への発達過程について考えてみたいと思います。

8.1

　幼稚園や保育所，認定こども園などでの，子どもの関係の中での振る舞い，たとえば，この章で説明した社会的スキルの個人差について，先生や保育士からの理解（「○○ちゃんはこんな子」）と，保護者の理解（「うちの子どもはこんな子」）の関連性はあまり明確でない（評定した結果がずれていて，一致しないことが少なくない）ことを示す研究があります（Bishop et al., 2003; 大神，2011）。

　それにはいくつかの理由が関係していると思われます。具体的に複数の理由を考えてみてください。

memo

Q8.2

　幼児期（3～4歳）の子どもについて，「スーパーに両親と買い物に行った際，あるお菓子を『買ってほしい』とせがむので，両親が『今日は他のものは買わないよ』と約束させてから買うことにしたのに，少ししてから別の商品を『買って』と再び強くせがむ」というような出来事がありました。これは，8.3節で紹介したポヴィネリらの実験でみられた，この年齢の子どもにとっての「現在」と「過去」のつながりの特徴とどのように関連づけて考えられるでしょうか。説明してみてください。

　なお，「子どもは幼いとがまんができないから」「甘やかされているから」といった答えではこの課題の答えとしては不十分です。

memo

8.3

文化の中での振る舞い方を身につけることに関連して，次の問題を考えてみてください。

アメリカ英語には，"The squeaky wheel gets the grease.（きしむ車輪は油をさされる）"ということわざがあるそうです。これは，その文化でどのような行動がどのように意味づけられている（評価されている）ことを示しているか，調べてみてください。また，それは日本のことわざや一般的にみられる考え方とはどのような違いがあるか，考えてみてください。

memo

8.1

　ここでは，大きく３つの観点からその理由を考えてみたいと思います。

　まず，その子どもの振る舞いが，保育の中と家庭では大きく異なっている可能性があります。家庭と保育では，接する人や生活の仕方が大きく異なります。家では家族に言いたいことを言い，したいことに積極的に取り組んでいても，同年齢の子どもたちが多く，活動の内容が家とは異なる保育の場面では，家でしているようには振る舞えない，ということは十分あり得ることです。

　しかし，考えられる理由は，このような場面による違いだけではありません。保育に携わる先生や保育士は，同じクラスの中で多くの子どもたちを見ています。また，経験を積んでいくと，過去に担当した子どもたちも知っています。一方，家族はその子どものきょうだいや近所の子どもたちなど，少ない子どもたちを基準に，子どもたちを見ていくことになります。このように判断の基準が異なることによっても，子どもの行動をどう理解するかは変わってくるといえるでしょう。

　これに加えて，子どもに対する情緒的な関係の違いも，子どもの理解に影響するでしょう。親にとっては，子どもは家族の一員ですが，保育の中では，そこに通う子どもたちのうちの一人です。もちろん，保育の中でも子どもたちは大切な存在ですが，家族の中での「大切さ」とは異なる点も多いでしょう。その中で，同じ行動（例：友だちといざこざを起こしてたたいてしまった）についても，その意味づけは異なってくる可能性があります。

　こうしたことを考えると，保育・教育に携わる立場，保護者・家族の立場のそれぞれで，いわば「ギャップ」があることを前提に，子どもたちの理解を深めていくことが大切といえるでしょう。また「パーソナリティ（性格）」とは，実は一筋縄で理解できるものではないこと（第10章参照）

もかかわっています。私たちは性格をあらわすことばを使って，自分や他人の振る舞いを理解することが少なくありません。子どもたちについても「この子は引っ込み思案だから」とか「この子は父親に似てとても外向的だ」などと，その行動を理解したりします。しかし，その実態は，ここで考えたように，誰にでも同じように見えるものとはいえないのです。

A8.2

　新たに魅力的な商品に出会ったとき，問いにあるように再度「買ってほしい」とねだるようことをしないのは，私たちが「がまんする」と呼んでいる行動です。では，このような場面で「がまん」することができるのは，なぜでしょうか。それは，1つの要因では説明できませんが，この場面では，数分前に「約束をした」ことも大きな意味を持っているといえるでしょう。

　新しい商品を見て「欲しいな」と思っても，「さっき約束したからがまんしよう」と考えることは当然のことのように思われます。つまり，過去に自分が約束したことが，現在ある行動を抑制する方向に働くわけです。そして，それは，現在の私と過去の私が明確に結びついている感覚にもとづいています。過去の私が今の私と関係がないと感じるなら，過去の約束にもとづいて現在の自分を制約するという感覚も持てないでしょう。

　ところが，本文中で紹介したポヴィネリらの実験にあるように，3歳代くらいまでの子どもたちにとっては，ほんの3分前のことであっても，今の自分とのつながりが必ずしも明確ではないようです。そのような場合，10分前の約束が持つ意味は，私たちにとって約束が持つ意味とは大きく異なってきますし，新しく見つけた商品をねだる行動を抑制するようには働かないとも考えられます。

　つまり「幼い子どもが『がまん』できないのは，わがままだからで，繰返し，あるいは，厳しく伝えればできるはず」という考えは，この時期の

子どもの過去のとらえ方を理解しているとはいえません。ただ，だからといって「3歳児とは『約束』をしてはいけない」とか「3歳児は過去のことは忘れてしまうから，このような場面では買い与えるしかない」ともいえません。約束をする行為は，社会の一員として重要なことで，子どものうちからそれにふれることは必要と考えられるからです。ただ，その際，子どもには子どもの感じとり方があり，一定の年齢までは，大人が考える現在の自分と過去の自分のつながりとは異なるとらえ方をすることをふまえながら，子どもと接していくことが重要といえるでしょう。

A8.3

「きしむ車輪」（ギーギー音を立てる車輪）というと，壊れたもの，調子が悪いものというイメージがあるかもしれません。しかし，ここでは自分の主張（特に不満）をはっきり言うことをあらわすために使われています。つまり，車輪のきしむ音を主張する発言になぞらえて，明確に主張（不満）を表明した人のほうが，注目を受ける，望む対応をしてもらえる，といった意味合いで使われる表現です。辞書によっては「ごね得」という訳も載せています。そういうわけで，ここでの「主張」は，不平・不満というような内容に近そうです。

このことわざは，黙っていたら誰も何もしてくれないという考え方のあらわれともいえます。つまり，不満や言いたいことは，それを強く言ったほうが対応してもらえて，「さっき言ったから，いずれ対応してもらえるだろう」などと思って黙っていてもずっと不利なままである，というふうに行動を意味づける表現といえるでしょう。実際にアメリカやヨーロッパなどで過ごしてみると，そう感じることが少なくありません。

筆者の個人的な比較にすぎませんし，時代の変化の中で変わる部分もありそうですが，日本では，繰返し，主張（不満）を強い調子で伝えることはあまり評価されないように思われます。たとえば「以心伝心」といった

ことばにあらわれているのは，むしろ，こちらから主張しなくても，相手
に気づいてもらうことを期待し，大切にする考え方ではないでしょうか。
　このように，ある場面でどう振る舞うのが望ましいか，どう振る舞うと
どのような結果が予想されるかについては，文化による基準や考え方の違
いが多く存在しています。8.4 節で説明したように，子どもたちが毎日の
生活の中で，周囲の大人とやりとりをし，自分の経験や行動を振り返って
ことばにしていく際には，こうした基準や考え方も強く反映されると考え
られます。

参 考 図 書

岩田 純一（2001）．〈わたし〉の発達──乳幼児が語る〈わたし〉の世界──
　　ミネルヴァ書房

　幼稚園での子どもたちの豊かなエピソードと関連づけながら，また，この章で
も取りあげた「自己」の発達に着目しながら社会の一員として育っていく子ども
たちの姿を発達心理学の観点から描いています。

塚田 みちる・岡本 依子・菅野 幸恵（2019）．エピソードで学ぶ 保育のための心
　　理学──子ども理解のまなざし── 新曜社

　保育の中でみられる子どもたちのさまざまなエピソードを取り上げながら，心
理学的な理解が具体的に深められる内容となっています。また，子どもを観察す
る方法の説明やさまざまなワークシートなども充実しており，保育現場での子ど
も理解に役立ちます。

第 **9** 章 考える力の深まり
──児童期の発達①

　小学校では，多くの子どもたちが教科書やノートを使い，本格的に「ことば」
や「数」による学びの世界に入っていきます。こうした学びは，第 7 章で紹介し
た，数や量に関する考え方の発達や，文字への関心などがもとになって深められま
す。つまり，学校で学ぶことは，ここまで考えてきた子どもたちの発達過程が基礎
となっています。この章では，学校での学習，特に，数や量について理解していく
算数の学習や，実験的な手法を用いる理科の学習などと関連づけながら，子どもの
発達を考えます。

9.1　「具体的な対象」にもとづいて考える

　小学校に入学したばかりの子どもたちに，第 7 章で説明した量や数の「保
存」に関する課題を実施してみると，この考え方が十分獲得されていないこ
とがあります。しかし，小学校低学年の間に，この考え方を次第に用いるこ
とができるようになります。つまり，具体物の量や数などについて，たとえ
ば「容器の形によって液体の水面が変わる」というように，見かけが変わっ
ても量は変わっていないとする考え方を使いこなせるようになります。これ
まで何度か取り上げてきたピアジェの理論では，この時期以降，11，12 歳
くらいまでの段階は**具体的操作期**と呼ばれます。

　ピアジェの考え方によると，この時期の子どもたちは，数や量を考える際
に，知覚可能で手で操作できるような具体物や，直接イメージできるものに
よる**論理的思考**が使えるようになります（Piaget, 1970 中垣訳 2007）（**Q7.1**,
A7.1）。小学校のカリキュラムでもこのことは強調されています。小学校低
学年の算数の教科書を見ると，計算の説明は数字だけでなく具体的なイラス
トが添えられていたり，数の関係が丸印を並べて表現されていたりします
（図 9.1）。また，教材の中にも小さなカードやおはじきなど，数を視覚的に

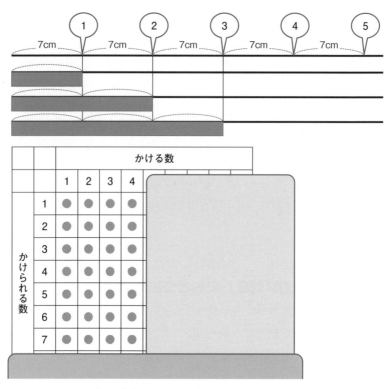

図 9.1　「九九」（7 の段）を具体的にあらわすさまざまな表現
（「新しい算数 2 下」東京書籍をもとに作図）

小学 2 年生の算数の教科書では，九九を，式（7×1，7×2，...）だけでなく，さまざまな形で表現しています。上の 2 つは，そうした具体的な表現の例です。たとえば，上の例は，7cm の長さを 1 つ，2 つ，3 つと並べることで，また，下の例は，「かけられる数」である 7 と，かける数（1，2，3，4，...）のかけ算の結果が，●の数でみてとれるようになっています。

あらわす道具が多くあります。これらは，上に書いたような子どもたちの考え方の特徴に合わせて準備されたものといえます。小学校に入学した子どもたちは，このような具体的な対象を使い，実際に動かしたり比べたりしながら，数や量について考えていきます。

9.2 学ぶ内容の変化——具体から抽象へ

一方，小学3年生ごろより後になると，算数で取り扱われる内容には分数の計算（3年生から）や数量の比例の考え方（4年生から）といったものが含まれるようになります。こうした概念についても，具体物をもとに考えることはある程度可能ですが，数とは何か，そのとらえ方を変えることも必要になってきます（湯澤，2012）。こうして，徐々に抽象的な概念や考え方が学習の中に含まれていきます。

では，抽象的な考え方を使うとはどういうことでしょうか。たとえば図形の面積は，「3cm×5cm の長方形の面積」といったものなら，その中に 1cm×1cm の正方形がいくつ，と具体的に数えて考えることができます。しかし，三角形や台形などの形の面積，辺の長さに小数が含まれる場合などは，1cm×1cm の正方形を並べて数える方法では測ることはできず，公式（たとえば，三角形の面積は「（底辺の長さ×高さ）÷2」というように）と計算から導き出すことになります。つまり，対象は具体的に目に見える「面積」でも，論理を使い，数値と数値を組み合わせてその値を出すことが始まっています。

さらに，小学校の高学年になると「密度」「速さ」といった概念が扱われるようになります。これらの概念は，面積のように具体物としてとらえることは難しいもので，さまざまな数値を組み合わせ，計算によって一定の数値として示される概念です。このようなことから，子どもたちにとっての理解が難しくなっていきます（Q9.1，A9.1）。

9.3 論理的な考え方を使いこなす

ピアジェは，9.2 節で挙げたような，抽象的な論理を十分に使いこなせるようになり，さらに，具体物から離れた論理的思考，たとえば「A ならば B」というような，いわゆる「命題」を使った論理的思考を使いこなすよう

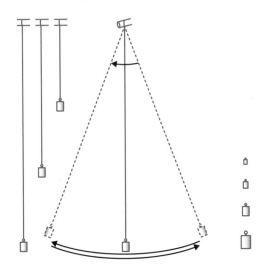

図 9.2　ピアジェらが形式的操作の発達に関する研究で用いた課題の例
(Inhelder & Piaget, 1958)

おもりの重さ，ひもの長さ，おもりを投下する位置，おもりを投下するときの力の入れ方の4要因のうち，振り子の周期を決定する要因を発見させます。

になるのは，11，12歳（小学5，6年生ごろ）以降の**形式的操作期**になってからと考えていました（Piaget, 1970 中垣訳 2007）。

　ピアジェは，具体的操作期の子どもたちには，論理的思考を使いこなすことに限界があると考えていて，それを次のような課題でも示しています。図9.2にあるような振り子の「ひも」の長さとおもりの重さ，さらに，振り子を落とす場所や力の入れ方を変え，振り子の周期（1往復するのにかかる時間）に影響する要因を調べる実験をします。実験を成功させるためには，他の要因を統一した上で，1つの要因（たとえばひもの長さ）のみを変化させて結果をみていくことが必要です。しかし，具体的操作期の子どもたちは，いわば「行き当たりばったり」で要因を変えて試すなどして，組合せを適切に試して結論を出すことができません。つまり，こうした場面で仮説に沿って複数の実験条件をきちんと組み合わせ，関連を考えることが難しいのです（Inhelder & Piaget, 1958）。

形式的操作は，「具体的な事物を離れた，可能性の世界での論理的思考」と考えることができます。ピアジェは，形式的操作期に入ると，上の例で示したような思考だけでなく，割合や確率など，数値や概念を組み合わせて抽象的な論理から算出される内容が理解可能になると考えました。しかし，その後の研究では，このような論理的な思考がうまく使いこなせるかどうかについては，かなり多様な要因がかかわっており，ある年齢に達したかどうかだけで判断できるわけではないと考えられています。形式的操作期の年齢であっても，実際の課題では抽象的な論理にもとづく考え方を使うのに失敗することが少なくありません。たとえば，確率を正確に理解したり説明したりすることは，子どもたちにはもちろん，成人になっても理解が難しい課題といえます（Q9.2，A9.2）。

9.4 読む力の発達

小学校の中学年からの時期には，文章を読むことを通して新たな**知識**を身につけることも増えます。では，この年代の子どもたちの読む力（**読解力**）はどのような要因で決まるのでしょうか。第7章で説明した，文字を書くことと同様に，読む力も1つの能力の育ちでは決まりません。具体的に挙げると，書かれた単語をとらえてその意味を認識する力（符号化），重要なところはゆっくり読むといった読み方の**方略**が使えること，内容に関してすでに持っている知識，そして，文章を読んで，自分がわかったこと，わからなかったことが何かをとらえるといった**メタ認知**と呼ばれる力などが関連しています（Siegler et al., 2017）。

さらに，個々の子どもが持っている**語彙**も重要です。小学生を対象とした調査では，1年生の読解力の個人差には，上でふれた符号化の力の関連が深いものの，1，3，5年生とも，個々の子どもたちが持つ語彙の量が読解力と関連していることが示されています（高橋，2001）。語彙が読書などを通して身につくことを考えると，本を読む習慣を通して新たな知識を身につける

ことが，さらに読解力を高め，たとえるなら「雪だるま式」に語彙や知識が
増え，読む力がついていくと考えられます。逆に，文章を読む経験が持てな
い環境では，語彙，さらにさまざまな学力を身につけていくことにも困難が
あるといえるでしょう[1]。

9.5　学びを深める環境と経験

　ここまでみてきたように，この時期の子どもたちの学びには，発達心理学
的にみても，かなり多様な要因が関連しています。では，子どもたちがここ
で取り上げてきた考え方を使いこなせるようになったり，学習内容を身につ
けたりしていくために必要なことは何でしょうか。ここでは子どもの発達に
関する観点から3つのことをまとめておきたいと思います。

9.5.1　周囲の他者とのやりとりを通して学ぶ

　まず，周囲のさまざまな人とのやりとりが重要になります。この点を重視
して子どもの発達を考察した心理学者ヴィゴツキー（Vygotsky, L. S.）[2] は，
子どもが学校教育の中で科学的な概念（ことば）を使いこなせるようになる
過程で，**発達の最近接領域**[3]（ヴィゴツキー，2001）に働きかけることの大切
さを指摘しています。

　発達の最近接領域とは，「子どもがある課題を独力で解決できる知能の発
達水準と，大人の指導の下や自分より能力のある仲間との共同でならば解決

---

[1] 9.2 節から 9.4 節で説明した，小学校中学年ごろからの学習内容の変化や，読む
ことで知識を身につける（ことばを通して別のことばを知っていく）ことの広がり
は，この時期に学力の個人差が拡大し，その学年で期待される学力を形成できない
子どもが増える，「9歳の壁」と呼ばれる現象とも関連づけて考えることができま
す（藤村，2019）。
[2] ヴィゴツキーは，1920 年代から 30 年代にかけ活躍した研究者ですが，ピアジェ
と同様に，現在の心理学にも大きな影響を与えています。
[3] 「最近接発達領域」や「最近接の発達領域」と訳されることもあります。

できる知能の発達水準とのへだたり」（中村，2004，p.11）を意味します。
たとえば，自分一人では解き方が思いつかなかった計算問題を，大人や友人
からヒントをもらって正解できた経験はないでしょうか。このように，自分
一人ではできないが，助けてもらえればできる（つまり「発達の最近接領
域」にある）課題を解決する経験を通して，子どもたちは徐々に高度な考え
方を自律的に使えるようになる（たとえば，自分でその「ヒント」を思い出
して使いこなせるようになる）と考えられています。

　一方で，いつ，どのような「ヒント」が有効であるかは，個々の子どもや
場面によって異なることも想像できると思います。教師や親などにとっては，
個々の子どもの理解の状態や，「今使える」考え方（何を知っていて，どの
ような考え方を使いこなせるか）がわかっていることも大切になります。つ
まり，発達の最近接領域の考え方にもとづいて学びを進めるには，何でもヒ
ントを出していけばよいのではなく，その子どもの理解に即したヒントが重
要になります。また，すでに自力で問題を解けるようになった子どもと，友
だちの助けがあれば解ける子どもたちが，クラスでお互いに教え合う経験も
有効なことがあると考えられます。

9.5.2　日常的な経験とのつながりを通して学ぶ

　学校で学ぶ内容と関連することを，日常の具体的な場面の中で経験するこ
とも重要です。たとえば，小学6年生で学ぶ「速さ」を道のりと時間から求
める考え方の理解は，小学校の算数の中でも難しいテーマの一つといわれま
す。研究では，小学1年生のころから，鉄道の模型を使って「速さ・距離・
時間」の関係を考える経験をしていた子どもたちは，その経験が1年に1回，
わずか30分程度でしかないにもかかわらず，その後授業で速さを学んだ際
の結果が良好であったという結果が示されています（松田ら，1995；Q9.1,
A9.1）。

　速さに関するこの研究結果は，その場ですぐに理解できなくても，そうし
た考え方にふれる経験を生活の中で積み重ねることが，より抽象的な考え方

を理解する基礎となることを示しています。子どもたちの日常生活を考えて
も，こうした場面は多く存在しています。たとえば，買い物では多様な整数
の計算や，重さと値段を考えて，どちらが得かを比較するような思考が求め
られます。

　社会や国語，理科といった他の教科でも，こうした生活の中の経験が基礎
になることは言うまでもないでしょう。たとえば，学校での動物の飼育経験
は，動物と人間との比較，さらに，生活科や理科の授業を通して，生命のメ
カニズム（栄養摂取，呼吸など）に関する科学的な理解を構成していく基礎
になるといえます（稲垣・波多野，2005）。もっとも，体験を積み重ねるこ
とで得られる知識は誤った理解となっていることも少なくありません。その
場合，それを修正することも必要となります。

9.5.3　学びを支える環境を維持する

　第8章でもふれた子どもの生活の背景，特に**経済的環境**も見逃すことがで
きない要因です。小学校や中学校で行われている，全国学力・学習状況調査
の結果の一部と世帯年収の関係をみると，もっとも世帯年収の低いグループ
（200万円未満）と，もっとも高いグループ（1,500万円以上）では，国語や
算数の平均正答率に20%以上の差がありました（藤田，2012）。

　経済的な環境が具体的にどのように子どもの学力や知的発達に影響するの
か（たとえば，本などの知的な刺激を与えるものが少なくなってしまうのが
問題なのか，保護者の考え方やかかわりに課題があるのか，など），また，
どのような施策がもっとも有効なのかについては現在も議論が続けられてお
り，明確な結論や，より有効な対策はわかっていません（**Q9.3，A9.3**）。し
かし，上で書いたような学びの環境や人とのかかわりを保障するためにも，
経済的な格差がもたらす影響を注意深く考えることが必要です。

9.6 まとめと次の章へのつながり

　学校で学ぶ内容を子どもが理解するのは，学校，家や塾で勉強を積み重ねるだけでできることではありません。そこには，幼児期から続く，子どもの認知発達の過程がかかわっています。小学校に入学したての子どもたちはもちろん，高学年になる子どもたちでも，その発達上の特徴（たとえば量や数についての考え方）をふまえて，学びをサポートすることが求められます。

　また，この時期の学びは子どもが一人で達成していくことというより，生活の中の経験を基礎として，周囲の大人や友だちとやりとりをしながらつくられていくことといえます。そうした経験をふまえて，子どもたちは徐々に自立した学習者となっていくのです。このような過程を考慮せず，やみくもに課題を解かせたり，とにかく答えを出す方法を覚え込ませたりすることで学習を進めようとすることは，子どもが「わかった」という感覚を持てず，学ぶことが苦痛になっていくリスクが高いといえるでしょう。

　さて，この章で説明してきたような考える力の発達は，子どもたちが自分と他人について考え，関係をつくっていく過程，たとえば，他人の感情を推測したり，自分の行動の特徴や能力といったものについて理解を深めたりする過程とも関連していると考えられています。次の章では，児童期を中心にこのような発達のすがたについて説明していきます。

9.1

> 　この章でも説明したように，「速さ」は，小学生にとっては理解がしにくいことが少なくないといわれます。みなさんがどのように学んだかを思い出しながら，また，この章で学んだこともふまえて，少しでもわかりやすくする工夫としてどのようなことができるか，考えてみてください。

memo

Q9.2

　この章でも説明したように，「確率」の考え方は，ピアジェの発達理論では，「形式的操作期」に十分理解されることと考えられていました。さて，その「確率」に関連して，次のようなことを考えてみてください。

　天気予報でみられる「降水確率30％」は，ある時間帯に「間違いなく雨が降る」を100％としたとき，30％ということになります。しかし，雨は，その時間帯が終わったところで「降った」か「降らなかった」かの2つの結果しかなく，「3割」のような結果はありません。では，「降水確率30％」とは，どういう意味なのでしょうか。言い換えると，「30％」は，何の値なのでしょうか。考えてみてください。

memo

9.3

> 　経済的な環境が学力や知的発達に影響する（経済的に厳しい環境にあ
> ると，学力が高くなりにくい）ということについて，あなたは経済的に
> 厳しい環境の中のどのような側面が，どのように学力に影響すると考え
> ますか。本文に書かれた以外の理由も含めて，考えたことをまとめてみ
> てください。

memo

A9.1

まず，「速さ」をどうやって算出するか，もう一度確認しておきましょう。速さは，ある距離（道のり）を進むのにかかった時間を計り，距離を時間で割ることで，ある時間（秒・分・時間など）あたり，どのくらい進むのかという形で算出されます。たとえば，「時速60km」は，1時間に60kmの距離を進む速さです。時間・道のり・速さの関係を理解できると，速さを算出するだけでなく，たとえば「時速30kmで2時間半移動したら何km進むか」とか「150kmの距離を時速70kmで移動すると時間がどれくらいかかるか」などといった計算もできるようになります。

さて，子どもたちにとって，速さを理解することの難しさの一つは，それを具体的なものとしてとらえることができないこと，そして，日常的に「速さ」として経験する内容との違いにあるでしょう。日常生活の中で，たとえば自動車に乗る際速さを体感し，スピードメーターの数値を見ることはできます。ただ，自動車や電車は同じスピードで一定時間走ることがなく，常にスピードが変動します。このような変動は，小学校で子どもたちが学ぶ「速さ」の概念には含まれていません。子どもたちが学ぶのは，1回の移動の距離と時間から計算される「速さ」だからです。

一方，この章で紹介した松田ら（1995）の研究では，たとえば「列車の模型を同じ速さで走らせて，異なる距離を進むのにかかる時間を比べる」とか「同じ距離を走るのに，速さの違う列車のそれぞれがかかる時間を比べる」といったことが行われていました。このように，具体的に「速さ」を感じとれる作業は，模型がなくても可能です。たとえば，教科書には，「時間を計りながら違う速さで歩いて（走って）みて，進める距離がどのくらい違うかを調べる」などの課題が導入として掲載されています。このような作業に取り組むことで，子どもたちに「速さ」「距離」「時間」の関係を感じとってもらうことは有効でしょう。

　また，松田ら（1995）は，速さの基本的な単位を m/秒に統一すること
を提案しています。この提案は教科書では実現していませんが，計算内容
によって，単位が km/時や，m/分のようにさまざまに変わってしまうこ
とは，この内容を学び始めた時期の子どもたちにとっては負担になること
から，このような単位の導入がそれを軽減する可能性があると考えられま
す。

A9.2

　ある時間の降水確率が「10％」のように低ければ，外出する際傘を持っ
ていく人は少ないでしょうし，「90％」のように高いときは多くの人が傘
を持って出るでしょう。つまり，降水確率が高いと，「今日は雨が降りそ
うだ」と感じます。ただ，問題にもあるように，その雨は，その時間帯が
終わったところで「降った」か「降らなかった」かのどちらかで，「降水
確率30％」とは，「そのとき外出した人の30％が雨を経験する」わけでも，
「その地域の30％の家に雨が降る」わけでも，また，「その時間帯のうち
30％くらいの時間は雨が降る」わけでもありません。

　気象庁のウェブページ[4]では，降水確率について次のような説明をして
います。「a) 予報区内で一定の時間内に降水量にして 1mm 以上の雨また
は雪の降る確率（％）の平均値で，0，10，20，…，100％で表現する（こ
の間は四捨五入する）。b) 降水確率30％とは，30％という予報が 100 回
発表されたとき，その内のおよそ 30 回は 1mm 以上の降水があるという
意味であり，降水量を予報するものではない。」

　「b」の部分，特に，「30％という予報が 100 回発表されたとき，その内
のおよそ 30 回は 1mm 以上の降水があるという意味」が説明できた人は

---

[4] https://www.jma.go.jp/jma/kishou/know/yougo_hp/yoho.html（2021 年 12 月
21 日閲覧）

どの程度いたでしょうか。うまく説明できなかったという人も多いのでは
ないでしょうか。大学生 23 人を対象とした調査（伊藤，2019）では，「降
水確率 70％」の意味を説明するという課題で，b のような説明を用いた
人は 10 人（4 割程度）で，その中には，誤りも含まれていたということ
です。

　いわば感覚的な理解としては，確率について多くの人がその考え方を用
いています。しかし，「明日の降水確率」といった場合，その「明日」は
たった 1 日ですので，それを「100 回」経験するのは現実には不可能です。
また，ある時間帯の予報であるにもかかわらず，実際にその時間帯に雨が
降ったか降らなかったかがわかっても「確率 30％」が正しかったかどう
かはわかりません。このように，確率の本質を理解するためには，現実と
は異なる仮定された前提で論理的に判断することが必要になります。そし
て，そのような考え方は，「大人になればみんな使いこなせるようになる」
わけではないようです。

A9.3

　経済的な環境はさまざまな過程を通して，子どもの学びに影響すると考
えられています。ここでは，菅原（2012）のまとめも参考にしながら，い
くつかの影響過程を考えてみます。

　本文では，経済的な環境が厳しいことで本などの知的な刺激となるもの
が不十分になるという考え方を挙げました。使える支出に制約があると，
まずは衣食住に関する支出で精一杯になり，本や知的な刺激を与えるおも
ちゃなどへの支出が難しくなりがちです。結果として，学校で学ぶ準備が
相対的に遅れてしまうことも考えられます。

　経済的な条件は，さらに子どもたちの学びの基礎をうばってしまうとも
いえます。たとえば食事を満足に食べられない，家の中で勉強をする場所
がないといった場合，子どもたちが学ぶ基礎となる条件が整っていないと

いえるでしょう。さらに，貧困が養育者の心理的なストレスを高めること
で，子どもに対する養育行動が不適切になり，子どもの発達に影響する側
面も考えられます。貧困が児童虐待（**Q5.3**，**A5.3**）と結びつくことも少
なくありません。そうした親子関係や家族関係の中では，子どもたちが新
たなことを学んでいく基礎となる，心理的な発達の支えが十分なものでは
なくなってしまいます。

　また，経済的に困難な環境が学ぶことの意義や人生の目標を変えてしま
うこともあります。たとえば，子どもたちがその環境の中で，将来大学な
どに進学することは経済的に難しいと考えた場合，子どもたちやその家族
は学校で学ぶことへの意味づけや意欲を失ってしまいがちです。そして，
たとえ進学への意欲を持ち続けたとしても，塾に通うなど，それを実現す
るための条件が厳しくなってしまいます。

　本文でもふれたように，子どもの環境の違いが学びにもたらす影響につ
いては，十分に説明できていないことも少なくないため，これらを含めて
さまざまな仮説が立てられ，現在も研究が進められています。

参 考 図 書

子安 増生（編）（2016）．よくわかる認知発達とその支援　第2版　ミネルヴァ
　　書房

　第7章でも紹介したこの本では，この章で取り上げた児童期の認知発達につい
ても，学校教育とのつながりを含めて，さまざまなトピックが解説されています。

日本認知心理学会（監修）市川 伸一（編）（2010）．発達と学習　現代の認知心
　　理学5　北大路書房

　この本の第2部では，この章で取り上げた内容も含めて，子どもの思考や理解
の発達が，学校教育と関連づけられて詳しく説明されています。

第10章 自己と他者を知ることの深まり
——児童期の発達②

　小学1年生のときの自分と中学1年生のときの自分を比べると，家族や仲の良い友人は同じでも，その関係には大きな違いがあるでしょう。自分が友だちからどう見られているかに関する意識，また，自分の特徴や個性，そして能力をどのようなものとしてとらえるかについても，小学1年生と中学1年生では大きく違っています。

　こうした変化は，第9章で説明した，さまざまな理解の発達とも関連しながら，子どもたちの行動に影響します。この章では，子どもたちと他者との関係に焦点をあてながら，児童期から青年期にさしかかる時期までの心理的な発達について考えていくことにします。

10.1 「パーソナリティ」や「能力」の理解

　「あなたはどんな人ですか？」とか「〇〇さんってどんな人？」と質問されたらどう答えるでしょうか。外見の特徴，学校や職場の所属などと一緒に，「やさしい」「さっぱりしている」「外向的」などといったことばでその人柄が表現されることも多いのではないでしょうか。

　このように，私たちが自分や他人を理解するときに，パーソナリティ（性格・人格）[1]に関連する概念がよく用いられます。では，パーソナリティとは何でしょうか？　心理学では，パーソナリティについてさまざまな定義がなされていますが，多くの定義では，人がとる，時間的・状況的にある程度一貫した行動パターンが含まれます。たとえば，「さっぱりしている」人は，

---

[1] 「性格」や「人格」の用語もよく使われますが，これらは，意味するものが微妙に異なっており，英語の概念との対応が混乱しているところもあるため，「パーソナリティ」という用語を使うことが増えています（小塩，2010）。ここからの説明でも，パーソナリティという用語を使います。

細かいことや過去のいきさつなどにくよくよせず，とらわれない行動をする人で，友だちと遊ぶときも，仕事をするときも，家族といるときも（つまり，場面が違っても）それが大きく変わらない，1年前も，1年後もその特徴が変わらないと考えます。こうした「変わらなさ」が一貫性です。

　パーソナリティとして考えられる特徴が実際にどの程度一貫しているかについては，研究上さまざまな立場があります。実際には私たちの行動には一貫しないところも多くあるようなのですが（Q8.1，A8.1 参照），しかし，「あの人はやさしい人だよ」「彼女はおっとりしている」などというとき，日常の行動の様子をまとめて抽象的にとらえてこのような表現をしています。

　子どもたちが，このように他者の行動からその人の特徴を考えることは，小学校の就学前からみられるようです。研究では，ある人物の特徴的な過去の行動（例：けがをした友だちの手当てをする）をいくつか示した後で，その人が別の場面（例：1つしかない遊具で友だちと遊ぶ場面）でどのような行動を示すかを子どもに予想してもらうといった方法が用いられます。子どもが「この人は他人を助ける『やさしい』人」と理解すれば，別の場面でもそのような行動をすると予測するということです。たとえば，小学1年生の子どもたちでは「やさしいから1つしかないブランコを友だちに譲る」といったように，パーソナリティ特性をふまえた予測がみられています（清水，2005）。

　このような理解にもとづく**行動の予測**は，パーソナリティだけでなく，個人の**能力**という概念にも共通点があります。つまり，勉強や運動が「苦手」というのは，あるとき，ある場面に限られたことではありません。たとえば「運動が苦手な人」は，さまざまな運動をする際になかなかうまくいかないと予測ができます。そして，それは運動の能力という個人の持つ安定した特徴によると考えられます。このような理解ができるようになる要因の一つは，第7章や第9章で取り上げた，考える力の発達です（Harter, 2012）。

10.2 自己・他者の理解の深まり

　「あなたはどんな子？」と聞かれた子どもたちが，パーソナリティや能力をあらわすことばを使って自分を表現することは，小学生の間に徐々に増えていきます（佐久間（保崎）・遠藤・無藤，2000）。このような理解が進む中で，子どもたちは自分と他人の比較もするようになります。ある課題ができたかどうかなどについて，自分と他者を比較することは，小学校の就学前から可能と考えられています。しかし，このような比較の考え方ができることと，それを積極的に使うかどうかは別のようです（上淵，2012）。たとえば，第8章で説明したように，幼稚園や保育所に通う子どもたちは，「運動が得意か」「友だちはどれくらいいるか」などとたずねられると，「こんなこともできるし，あんなこともできる」「友だちがたくさんいる」などと，客観的な比較に必ずしももとづかないポジティブな内容をとても多く答えます。自分と他者とのある程度客観的な比較・評価は，小学校の時期に徐々に行われるようになります（Q10.1，A10.1 参照）。

　小学校の中学年から高学年の時期には，自分や他人の中に，場面や関係に応じて変わる側面，時には相反する2つの側面があることも意識され始めます（Harter, 2012）。たとえば，友だちの前と家族の前では見せる「自分」が大きく違うこともあるでしょうし，基本的にまじめで細かいことまで気にする人でも，あるところだけとてもだらしない人もいるでしょう。このように，行動や能力について，多様な，時に相反する面があることが理解されていくのです。

　小学3，4年生の子どもたちの日記（学校の課題として小学校の担任の先生に宛てて書かれたもの）を分析してみると，「習い事で友だちとおしゃべりしているお姉ちゃんが少し嫌い」（表10.1），「ゲームをしているときだけ，お兄ちゃんとけんかにならない」というような記述がみられます（小松・紺野，2014; 山本・小松，2016）。これは，このような発達の中で，子どもたちが場面や関係を考慮しながら，自分や周囲の他者を関係の中でとらえ，理解

表 10.1　小学 4 年生の子どもの日記（学校の指導の一環として担任の先生に宛てて書かれたもの）の例（山本・小松，2016，p.83）

> 私は，水曜日，えい語に行きました。いつものメンバー，全員いました。
>
> 　　　　　　　　　　　　（中略 87 字）
>
> そして，K と，M と，私と，私のお姉ちゃん，みんないっしょのプリントをやりました。3 まいくらいやりました。一番早く終わったのは，K ですが，私も早かったです。一位をきそうくらいでした。まぁ，ムリもありません。なぜなら，お姉ちゃんは，A ちゃんといっしょにしゃべっているからです。その上，わたしと K は，私がわからないことばを K が教えてくれたりしているからです。私と K では，級がちがいます。はじめるときとかがちがったからです。でも，けっこういいコンビでがんばっています。K がわからないことばは，私もわからないけど。私は，お姉ちゃんが少しキライです。なぜなら，A ちゃんとばっかりしゃべって，先生の話がきこえなくなったりするからです。

するようになってきていることを反映しているといえるでしょう。

10.3　自己・他者理解の深まりと子どもの行動

　ここまで説明した発達的変化は，子どもたちが自分自身や周囲の他者を深く知ることといえますが，それはポジティブな影響だけを持つわけではありません。たとえば，幼児期から小学生の時期にかけて，自分と他者を比較してとらえ，能力の概念を用いた理解が深まることは，学習などへの**動機づけ**に結びついていきます（上淵，2012）。ここで，動機づけという概念は，学校での学習をはじめ，さまざまなことに関する「やる気」を維持するしくみと考えてみてください[2]。たとえば，算数の課題に失敗したときに，「自分にはできる」と考えれば再チャレンジしますが，結果をもとに「自分は算数の能力が低いから勉強をがんばっても無駄だ」と考えれば，やる気は出なくなってしまうでしょう。つまり，抽象的で一貫した「能力」という概念を使って自分をとらえることによって，やる気が出なくなってしまう可能性がある

---

[2]　心理学の中で，「動機づけるもの」（たとえば「空腹を満たしたい欲求」）と「動機づけられるもの」（たとえば「ごはんを 3 杯食べる行動」）の関係という観点から心理現象を分析する分野を動機づけ研究と呼びます（上淵，2008）。

のです。

　同じようなことは，パーソナリティ概念についても考えられます。自分の特性や能力を他者と比べながら理解していくことは，たとえば「家が近所だから」といった理由で一緒にいるだけでなく，互いの個性を知り，「気が合う」「好みが合う」といったことをもとに，友人関係がつくられていくことにつながります。しかし，「性格が合うから仲が良い」というふうに自分や友人のことを理解し，関係を深めることもある一方，「あの子は△△な性格だから，一緒に遊びたくない」というように，ネガティブな関係に結びつく場合も考えられます。これらはいずれも，徐々に大人の世界に近づいていく子どもたちの発達が，ネガティブな結果も引き起こし得ることを示しています。

10.4　感情理解の深まりと他者との関係

　子どもたちが自分自身や他者の内面を理解していくことについて，第7章では「心の理論」に関する課題で，幼児期に大きな発達的変化があることを，第8章では，日常のやりとりの中で，他者の気持ちや感情についての推測が発達していくことを取り上げました。子どもたちはこうして，自分や他者の見えない「内面」を考えられるようになっていきます。

　小学生の時期は，こうした内面についての理解でも，さらに緻密な考え方ができるようになります。たとえば，子どもは，自分と養育者や友人との関係の質（例：困ったときに助けてもらえる関係かどうか）の理解に応じて，喜びや悲しみなど自分の感情をその相手にみせるかどうかをコントロールするようになっていくと考えられます（塙，1999）。乳児と周囲の養育者との関係が，感情を仲立ちにしていることを第5章で考えましたが，感情が関係づくりにおいて重要な役割を果たすことは，こうして形を変えて続いていきます。

　このように，感情の役割や性質が自覚される中で，自分が感じている感情

に気づき，その表出を調整したり，怒りや悲しみなどの感情に対応したりする力も発達していきます。幼児期であれば，親など身近な大人との関係が，子どもが感情的に安定するために働きます（第5章参照）。しかし，児童期には次第に自分一人でも気晴らしをするなどして，対処することもみられるようになります。こうした感情の理解や対処に関する力は，**感情コンピテンス**（Saarni, 1999 佐藤監訳 2005）などと呼ばれます（Q10.2，A10.2）。児童期，さらに青年期に，このような感情に対処する力（たとえば，怒りをうまくコントロールする）が身につかないと，他者とのかかわりにおける病理的行動と結びつくことも示されています（Compas et al., 2017）。

　ただし，一見すぐれた能力と考えられる，自分自身や他者の感情を理解する力も，ネガティブな行動と関連している場合があると指摘されています。たとえば，他者の感情を感じとる力は，一般的には，他者を助ける行動などを導くと考えられています。しかし，関係の中で仲間はずれをつくったり，無視をしたりするといったような**攻撃行動**（身体的な暴力や暴言などの形でなされる攻撃と対比して「関係性攻撃」などと呼ばれ，いわゆる「いじめ」でもよくみられます）を見せる子どもは，他者の認知や感情を推測する課題の得点がむしろ高いという研究結果もみられます。これは，巧みに仲間を操作することや，自分が拒絶されないようにしながら継続的にいじめをするために，こうした力が必要になるためと考えられています（松尾，2002）。

10.5　道徳的な判断の変化

　10.4節でふれた「攻撃行動」など，ある行動を望ましくないものと判断できる力も，発達の中で培われていくことです。心理学ではこのような判断に関する発達的変化を，**道徳性の発達**という領域で研究してきました。

　ある行動を望ましいと考えるか，禁止すべきと考えるかに関する子どもたちの判断の変化は，社会や自己・他者に関する子どもたちの理解と関連しています。たとえば，他人に損害を与えたときにも，それが故意か過失かによ

表10.2 コールバーグが道徳性の発達を考察するために用いた物語（「ハインツのジレンマ」）(Kohlberg, 1969 永野監訳 1987, p.49)

> ヨーロッパで一人の女性がガンで死にかかっていた。ある薬を飲めば彼女は助かるかもしれなかった。その薬というのはラジウムの一種で、同じ町に住む薬屋が最近発見したもので、薬屋は、作るためにかかった10倍の値段の2,000ドルの値をつけていた。
> 病気の女性の夫のハインツは、あらゆる知人からお金を借りてまわったが、薬の値段の半分しか集められなかった。彼は薬屋に彼の妻が死にかかっていることを話し、薬を安く売るか、または後払いで売ってくれるように頼んだ。しかし薬屋は承知しなかった。ハインツは絶望的になって、妻を助けるために、薬屋の倉庫に押し入り、薬を盗んだ。ハインツはそうすべきだっただろうか。どうしてそう思うのか。

って、その行動の評価は大きく変わります。つまり、客観的な行動の結果だけでなく、行動の動機という心理的な側面をどう理解するかが、道徳的な評価の基準になるのです。

　コールバーグ（**Kohlberg, 1969** 永野監訳 1987）は、ピアジェの研究をふまえて、このような道徳的な判断を研究しました。具体的には**表10.2**にあるようなストーリー[3]について、児童期（10歳～）から成人期の調査協力者に、この行動をすべきと思うかどうかをたずねました。さらにその理由についてもたずね、その結果をもとに、6段階の発達段階を想定しています。小学校高学年にかけての時期には、行動の動機について、その行為が褒められたり罰せられたりするかどうかで考える（段階1）とか、その人自身の欲求や関心を満たすかどうかを重視する（段階2）といった考え方が減り、周囲の他者の期待に沿った行動や、「夫」「息子」などの役割に合った行動が望ましいと考える回答（段階3）が増加すると考えられています。たとえば、薬を盗まなければ家族の人から冷酷な夫と思われる、盗みを働いたら家族と自分自身の不名誉であることに悩むなどといった動機の理解です（**Kohlberg, 1969** 永野監訳 1987）[4]。

---

[3] コールバーグの研究では、ハインツがどうすべきかの回答ではなく、その理由づけに着目して発達段階の分類・研究がなされています。

[4] ただし、成人になっても、すべての人が最高の段階6に到達することはなく、段階1・段階2の回答がまったく消えてしまうわけではありません。

その後の研究では，子どもたちが，正義や福祉などの価値に関する「道徳」，家族や学校などの秩序・ルールに関する「慣習」，個人の自由や選択などに関する「個人」という 3 つの領域でそれぞれ思考を発達させ，それを複合させながら判断ができるようになっていくとも考えられています（Turiel, 2002）。いずれにしても，児童期から思春期にかけては，子どもたちが自分自身や他者の心，そして社会のルールなどについて理解を深め，1 つの基準で「良い」「悪い」を決めるのではなく，より多様な視点から行為の評価をするようになっていくといえるでしょう。

10.6　キャリアづくりの基礎

　第 1 章では，職業の選択が青年期の重要なテーマであること，一方で，その職業の選択が社会の変化とともに多様化していることを説明しました。現在の日本の社会では，職業の選択についてより深く，多面的に考えることを求められるようになっているといえます。これは問題集を解くようには解決できない，「正解」のない問題ですし，中学 3 年，高校 3 年になって，学校でたずねられてすぐに答えられることばかりではありません。

　この章で説明してきたように，児童期から思春期の入口にかけては，さまざまな点で自分の個性や能力などの理解が明確になっていく時期です。そのような気づきをもとに，少しずつ将来について考えることも，この時期に重要になるといえるかもしれません（Q10.3，A10.3）。

　このように，自分を知り「なりたい私」をつくり上げることは，毎日の学校での学習とも結びついています。10.3 節で説明した「学習動機づけ」に関する議論では，子どもたちが「なりたい自己」と「なれる自己」，言い換えれば自分自身の将来のあり方を広げることも，継続的に学習に取り組むための意義づけとして重要と考えられています（市川，2004）。学校で学ぶすべての学習内容に興味を持つことは難しいですし，勉強した内容がその日から役に立つようなことはあまりありません。そうした中では，いわば「自分づ

くり」を充実させ，学ぶことが将来の自分自身につながっているのを意識していくことも重要と考えられているのです。

10.7 まとめと次の章へのつながり

　この章では，児童期から思春期にかけての子どもたちが，自分や他者についての理解をどのように深めていくか，さらに，そこから青年期につながる発達的な変化について説明しました。この章で扱った，自他の理解の深まりには，子どもたちの行動にさまざまな影響を及ぼし得る内容も含まれていました。たとえば，パーソナリティや能力が客観的に理解できることは，自分自身や他者の深い理解といえますが，自己評価を下げること，「やる気」を失うこととも結びつく可能性がありました。こうした変化の中で自分自身を再構成しながら，子どもたちは第1章，第2章で説明した「大人への発達」に進んでいくことになります。

　さて，第1章で紹介したエリクソンの理論では，第1章，第2章で考えた時期の後，「中年期」「老年期」にあたる時期についても，さらに心理的な発達が考えられていました。人生後半ともいえるこの時期に，どのような発達を考えることができるのでしょうか。最後にこのことについて考えて，この本を終えたいと思います。

10.1

あなたは小学校高学年のころ，自分と周囲の他者（たとえばクラスの友人）をどのような点で比較していましたか。また，そのことも含めて，自分についてどのような子どもだと考えていたでしょうか。考えたことをまとめてみてください。

memo

10.2

この章で説明した，「感情コンピテンス」について，具体的にはどのような能力が含まれるか考えてみてください。また，あなたの感情コンピテンスは高いほうだと思いますか？　それとも低いでしょうか？　具体的な理由をもとに考えてみてください。

memo

10.3

あなたが小学校高学年のころの（将来の）「なりたい私」はどのようなものだったでしょうか。また，最初にそれを意識したのはどのようなときでしょうか。さらに，そのときの「なりたい私」は，今も変わっていないでしょうか。変わったとしたらその理由はどのようなことでしょうか。まとめてみてください。

memo

A10.1

　この問いの答えは，回答する人によって違うでしょう。同年齢（学年）の友人を比較の対象としていた人もいるでしょうし，きょうだいや異なる年齢の子ども，たとえば近所の年上の「お兄さん」「お姉さん」にあたる人が主な比較の対象になっていた人もいるでしょう。さらに，先生や両親などの大人と自分の違いを考えていた人もいるかもしれません。その内容も，周囲にどのような友人がいるか，どのような生活をしていたか（たとえば，野球やサッカーに打ち込んでいた，とか，たくさん習い事をしていた，など）によって変わってくるでしょう。

　このように，比較の対象や内容にはさまざまなものが考えられますが，多くの子どもたち（小学4，5年生243人）にこうした比較についてたずねた研究（外山・伊藤，2001）では，次のような結果がみられています。まず，友だちと自分を比べるかどうかについて4段階でたずね，「いつも」「ときどき」と答えた人は，全体の39％で，他の調査での大学生の結果（77％）に比べて少ない結果になりました。子どもたちにとって，誰かと自分を比べる経験は，大人がしているよりは多くないといえるでしょう。そして，具体的に誰と自分を比べるかを答えてもらった内容を分類したところ，もっとも多かったのは，「（自分より）できる人」と分類される相手（全回答の44.0％）でした。逆に，「（自分より）できない人」という答えは全回答の4.1％にすぎませんでした。どのような内容を比べるかについては，「学業成績（41.2％）」「運動能力（24.7％）」が多くみられる回答でした。逆に，「外見（10.7％）」や「性格（3.3％）」という答えは比較的少ないものでした。

　この章で取り上げたように，小学校の高学年になると，個々のパーソナリティのような特徴に目が向き始めると考えられます。しかし，この調査結果をみると，子どもたちにとって自分と他人を比較する内容は，学校生

活に結びついた学業や運動能力といった，比較的限られたものであること
がわかります。また，この時期の自他の比較は，子どもたちが自発的にす
るものではなく，家族からの影響も小さくないと考えられます。両親から
「○○さんはこうなのに，なぜあなたはできないの」と言われて嫌だった
という経験がある人もいるのではないでしょうか。こうした，生活の中の
さまざまな経験を通して，子どもたちは，自分と他者に関する理解をつく
り上げていくと考えられます。

A10.2

　　感情コンピテンスの考え方については，本文で紹介したサーニ（Saarni,
C.）以外にも，さまざまな研究者が議論しています。また，「感情コンピ
テンス」以外にも「情動コンピテンス」「情動知能」などの用語が，類似
する内容をさすために使われています。こうした理論的な考えにもとづい
て作成された質問項目に答えることで，結果を得点化できる尺度もつくら
れてきました（たとえば，野崎・子安，2015）。つまり，質問に答えた結
果から，感情の理解や対処が上手な人と，そうではない人がわかるという
ことです。ここでは，こうした研究で取り上げられた内容から，みなさん
が自分自身について考える手がかりになると思われる内容をいくつか紹介
します。

　　まず，「自分や他人の感情状態を知る力」が挙げられます。たとえば，
自分が怒っているときの状態，悲しいときの状態，そのときの身体の感覚
などが説明できたり，なぜ自分がその感情を感じているのか，理由を考え
たりすることがうまくできる力です。これらをうまくとらえ，説明できな
い場合，この力が強くないことになります。また，自分だけでなく，他人
がどのような感情を感じているかをその表情や行動などから感じとる力も
重要です。

　　自分や他人のネガティブな感情（悲しみや怒り）をうまくコントロール

する力もコンピテンスに含まれます。たとえば，嫌なこと，腹が立つことがあったときに，気分転換が上手かどうかなどです。コントロールできずに感情を爆発させてしまったり，いつまでも引きずってしまったりするのは，コントロールがうまくいっていないといえます。また，他者の感情については，たとえば，怒っている友人とうまくやりとりして，穏やかな気持ちにできる人もいれば，やりとりしているうちに自分もどんどん嫌な気持ちになってしまう人もいます。

　自分の感情を他人に伝える力も重要です。自分は嫌な気持ちでいるということを，相手にうまくわかってもらうような伝え方ができるかどうかを考えてみましょう。たとえば，相手に怒っていることを説明してわかってもらうのがうまい人は，この面でのコンピテンスが高いことになります。

▲10.3

　Q10.1 と同じように，この問いも，人によって答えはずいぶん違うでしょう。小学生であっても，得意なことや苦手なこと，習い事やスポーツ活動などに影響されて，どのような仕事に就きたいか，どのような大人になりたいかは変わってくるでしょう。また，家庭の影響も小さくありません。親から言われたこと（将来は○○の職業に就く）や，親の「夢」がそのまま「なりたい私」だった人もいるかもしれません。また，メディアの影響も小さくないでしょう。

　では，子どもたちの将来の目標，言い換えるなら夢はどのようなものでしょうか。少し前の調査になりますが，大阪府が平成 21 年に実施した，小学生（5，6 年生のみ，833 人）・中学生（883 人）・高校生（999 人）を対象とした調査では，次のような結果が出ています（大阪府「小学生の意識と行動アンケート調査」「中学生の意識と行動アンケート調査」「高校生の意識と行動アンケート調査」）。

　まず，「将来の夢があるか」という問いに対して，もっとも多く「夢が

ある」と答えたのは小学生でした（小学生 64.3%，中学生 41.2%，高校生 33.0%）。「ぼんやりとしたものだが夢がある」という答え（小学生 15.4%，中学生 24.1%，高校生 29.6%）も合わせると，小学生はほぼ 8 割，高校生で 6 割くらいの回答者が「将来の夢」を持っていると答えています。

　これらの答えを選択した人に，その夢を具体的にたずねた結果の分類では，小学生ではスポーツ選手関係（32.4%）や芸能・音楽関係（10.1%）など，いわば「あこがれの職業」が多く挙げられ，一方，飲食関係（11.4%），医療・福祉関係（12.5%），教員・指導者関係（8.4%）なども挙げられています。中学生では，「夢がある」率は少し下がりますが，その内容は，スポーツ選手関係（22.7%）がもっとも多いなど，「あこがれの職業」が少なくありません。ところが，高校生になると，「夢がある」割合はさらに下がるとともに，「夢」の内容は，「分野を特定しないもの」とされるものがもっとも多い（22.7%）ほか，医療・福祉関係（20.0%）教員・指導者関係（11.7%）などが多数となります。高校生でも芸能・音楽関係（9.1%）を夢として挙げる人は少なくありませんでしたが，スポーツ選手関係（3.0%）は，中学生までより大幅に低下しています。

　このことから，中学生から高校生にかけての時期に，どのような仕事に就きたいかに大きな変化が起きるようです。高校生になると「現実的になる」といえるかもしれません。もちろん，子ども時代に「夢」を持つこと，親が「夢を持たせる」ことに，目標としての意味はあるでしょう。しかし，この中学生から高校生の時期に，「夢」と「現実」をどのように「すり合わせて」新たな目標をつくっていくかも重要といえます。本文中に述べたように，学習への動機づけでは，こうした「なりたい自己」「なれる自己」も意識することが大切だからです。（**Q1.2**，**A1.2** も参照してください。）

参 考 図 書

上淵 寿（編著）（2008）．感情と動機づけの発達心理学　ナカニシヤ出版

　乳幼児期から成人期まで，この章でも取り上げた感情と動機づけに焦点をあて
ながら，子どもたちが他者との関係の中で発達する過程を概説しています。児童
期の発達についても詳しく説明されています。

森 敏昭（編著）21 世紀の認知心理学を創る会（著）（2002）．認知心理学者 新し
　　い学びを語る　北大路書房

　「学び」を共通のテーマにしつつ，20 人の心理学研究者がそれぞれの研究や経験
したエピソードをもとに「学級」「授業」「自分づくり」などについて語った本。
児童期の発達の場としての学校について多面的に考える手がかりになります。

終章 中年期から老年期へ

　この本では，多くの読者がそのまっただ中にある，あるいはすでに経験してきたと思われる「青年期」から始めて，そこから，さまざまな時期の子どもたちの発達について考えてきました。いわば，青年期から子育てへという流れをみてきたことになります。

　では，ここまで取り上げてこなかった，およそ 40 歳代以降の発達について，心理学的にどのようなことが考えられているのでしょうか。本当に駆け足になってしまいますが，最後にこのことにふれておきたいと思います。

終.1　大人の時間は早く過ぎる？

　子どものころに比べて，時間が過ぎるのが何だか早くなったと感じることはないでしょうか。時間が過ぎていくことは，当たり前ですべての人に共通するように感じられますが，実は複雑で，さまざまな考え方ができる現象です。現在，「1 秒」の長さは，物理学的な現象をもとに取り決められています[1]。しかし，「過去」「現在（今）」「未来」という感覚にもとづく「時間の流れ」については，物理学や哲学では，確かなものとして共通理解があるわけではなく（青山，2019），かなり主観的なものといえるかもしれません。

　さて，大人になると時間が短く感じられる理由は，実は十分わかっていません。しかし，少なくとも「40 歳の人の 1 年は人生の 40 分の 1 だが，10 歳の子どもには 10 分の 1 だから，自分の人生を基準にすると 1 年の長さは短

---

[1] https://www2.nict.go.jp/sts/afs/Reference-Glossary.html（国立研究開発法人情報通信研究機構；2022 年 1 月 6 日閲覧）によると，「セシウム 133 原子の基底状態の二つの超微細構造準位の遷移に対応する放射の周期の 91 億 9,263 万 1,770 倍の継続時間」となっています。

くなる」というようなシンプルな仮説では説明できないと考えられています。「時間」を感じとることは，身体の代謝など心身の活性度，時間経過への注意（どのくらい頻繁に時間に着目するか），活動の種類などさまざまな要因が関係しているようです（Draaisma, 2004）。たとえば，身体の活性度が高いときには，客観的には同じ時間であっても身体により多くのことが起きているので，主観的には長い時間が経ったと感じる（「まだそれしか経っていないのか」と感じる）とされ，加齢に従って時間が短く感じられることには，代謝の低下が関連する可能性も考えられています（一川，2008）。

　この章のはじめにこのことにふれたのは，もしみなさんが今，青年期（10代後半〜20代）を過ごしているとすると，次に説明する中年期や老年期は，ずっと先の将来のことのように感じられても，主観的には「あっという間に」おとずれる時期かもしれないと考えてほしいためです。青年期以降の人生を送っている多くの人にはこのことにきっと同意していただけることでしょう。

終.2　中年期の多様性とその危機

　子どもたちが短い期間に身体を成長させながらさまざまな能力を発達させ，新たなことを学んでいく時期に比べると，40歳代から50歳代にかけての中年期に起きる変化は一見あまり明確ではありません。しかし，人生に変化がまったくないことはありません。子育てがひと段落することや，仕事が変化したり，その限界がみえてきたりすること，また，身体的な衰えが自覚されることなど，人生の半ばにさしかかってさまざまな変化が起こります。

　この時期の生活の個人差は小さくありません。就いている職業も多様で，経済的な状況も異なりますし，両親や子どもたちとの同居の有無などを考えれば家族のあり方も多様です。こうした多様性はありますが，それまで大切にしてきた価値観や生き方を問い直し，さまざまな変化に合わせて再構成する必要に迫られることは少なくありません。それが自覚された問いとしてあ

らわれることもあるでしょうし，また，うつのような心理的な症状の形をとることもあり得ます。

　そうしたことと関連して，**中年期の危機**と呼ばれるような，心理的な危機的状態が経験されることがあります。たとえば，岡本（1985）は，第1章で説明した青年期の「同一性達成」ののち，30代や40代になってから，禅やカウンセリングのような内面に関することに興味を持ち，「過去の自分の生い立ちから独立」して「自分を肯定的にみられるようになった」例や，おそらく「早期完了」（葛藤や危機を経験せずに職業などが決定されるパターン）のステイタスであったと考えられる男性が，有能なエリート社員として働いていたが，41歳のときに大病を患い，自分の考えと行動が一致する方向へ行きたいという希望のもとで自分の会社を創設し，経営は安定していないが「納得できる生き方」をしている例などを報告しています。これは1980年代に発表された研究ですが，このように，中年期に入ってから，人生や生き方に対する考え方が大きく変わる例は，今でも少なくないでしょう。

　子育てや子どもの独立の影響も，この時期に重要になってくることとして，研究が進められています。子どもの有無によって中年期の主観的幸福感に明確な差はない（福島・沼山，2015）とする研究結果もありますが，子どもがいる場合，その影響力は小さくありません。たとえば，子どもの「巣立ち」を「まだ先のこと」と認識している母親が「同一性拡散」（第1章参照）の状態になる傾向があること（清水，2004），成人した娘との良い関係が，母親の自己確立感（自分自身や自分のしていることに確信を持てているかどうか）と結びついていること（北村・無藤，2003）など，子育ての状況や成人した子どもとの良好な関係がこの時期の心理的状態に影響する可能性が示されています。

　第1章，第2章でみた通り，30〜40年前と比べても，仕事への就き方，結婚や家庭に対する考え方は大きく変わってきています。また，転職（離職）や離婚など，かなり大きな生活の変化を経験することもあります[2]。その中では，この「危機」のあらわれ方も，今後さらに多様なものになってい

くことになりそうです。

 **老年期の発達**

　第1章で「大人」の基準が時代や考え方によって大きく異なることを考え
ましたが，「老人」についても同じことがいえるでしょう。たとえば，日本
の統計上は，65歳以降が高齢者とされ，現状ではいわゆる年金（国民年金
の老齢基礎年金）の支給が通常65歳から始まることを考えれば，65歳が一
つの区切りになるのかもしれません。しかし，それ以前から，身体の老いは
自覚され始めることが少なくありません。実際，1970年代までは，55歳定
年制の会社が少なくありませんでした。一方，現在では65歳以上で仕事を
続けている人も多く，ボランティアなどの活動を含めれば，かなりの人たち
が社会的な活動に積極的に参加しています。その意味で，主観的な感覚の中
では，特定のタイミングではなく，徐々に「老い」が明確になっていくと考
えられます。

　さて，この**老年期**の時期は身体的な衰えとともに，人生の終わりに向かっ
ていく時期，「下り坂」のようなイメージを持たれるかもしれません。確か
に，近年の心理学研究では，記憶や知覚の力など，老年期の認知的な能力や
知能などの低下を把握し，それを補ったり低下を食い止めたりすることを重
視する研究も多くみられています[3]。

---

[2]　2019年の離婚件数は20万8,496組（厚生労働省「令和元年（2019）人口動態統
計（確定数）の概況」による）でした。同じく厚生労働省による2008年の資料で
は，離婚件数のうち結婚していた期間が20年以上の割合は15.5％，15年から20
年の割合は9.7％となっています（厚生労働省「平成21年度『離婚に関する統計』
の概況」）。
　一方，転職や離職について，職を辞める人，新たに職に就く人は，中年期では
30歳までの時期に比べ，相対的に少なくなりますが，それでも，40歳から44歳の
離職率は男性で6.7％，女性で11.8％となっています。（厚生労働省「令和2年雇用
動向調査結果の概況」）。

　しかし，人間の発達を考えたとき，老年期にこそ達成されると考えられていることがあります。たとえば，第1章で紹介したエリクソンは，老年期の危機として「**統合 対 絶望，嫌悪**」という対立関係を挙げています（Erikson & Erikson, 1997 村瀬・近藤訳 2001）。あえて一言で表現するなら，それまでの自分の人生を振り返って，それを意味づけ受容することが主題になると考えられます。そして，エリクソンはこの危機を経験することで得られる「人間的な強さ」として**英知**ということばを挙げます。人生の終盤になってはじめて，そうした卓越した感覚が得られるということかもしれません。

　このような老年期においても，新たなことの学びには意義があり，それは福祉や介護予防というだけでなく，成長や発達のための意義づけができます。高齢者に特有な教育（学び）のニーズとしては，高齢期のパワーの低下に対処しながら社会生活を営むためのニーズ，自分の過去を振り返るとともに，未解決の心理的葛藤に対して，残された時間でできることを考える回顧へのニーズ，他者や地域のために役に立つ活動に参加し貢献することで認められたいというニーズなどが挙げられます（堀，2018）。

　このうち，「貢献」という観点について，最近ではさまざまな職場で，ベテランの職人・技術者から若手へ技術を伝承させることが試みられています。そうした職業上の特殊な技術でなくとも，子育て（孫育て）や家事などの面で，高齢者の果たす役割は小さくありません。つまり，高齢であっても，それまでの経験を生かし，さまざまな社会的活動の中でかけがえのない役割を果たすことが可能といえるでしょう。

　そうはいっても，身体的な老いを完全に止めることはできません。高齢者は，知覚や判断といった点の衰えをうまくカバーしながら過ごしていると考えられていますが，それにも限界があります。いわゆる「認知症」と呼ばれる状態では，さまざまな症状がさらにあらわれます。2021年には，人口の3

---

[3]　具体的な内容については，本章末「参考図書」の佐藤ら（2014）などを参照してください。

割弱（29％）が 65 歳以上の高齢者になり，その割合が増え続ける日本では，このように，老いに伴って生じるさまざまな課題にどう取り組んでいくかを継続的に考えていく必要があるといえるでしょう。

終.4　発達の行きつく先——まとめにかえて

ここまで，この本で説明してきた内容は，いずれも「生きる」こととその変化をめぐる事柄でした。序章で説明したように，私たちは，常に変化しながら，一人の「同じ」人物であり続けます。そして，どんな人も人生の最後に到達するのが「死」です。若くして亡くなる人もいれば，90 歳，100 歳と歳を重ねて死を迎える人もいます。子どもや孫など，次の世代の多くの家族に看取られる人も，そうではない人もいます。

筆者が折にふれて思い出す「メメント・モリ（ラテン語で「死を記憶せよ」という意味)」ということばがあります。このことばをどう解釈するかは，時代によっても異なるようですが，ヨーロッパで美術館に行くと，16,17 世紀から絵のテーマとして取り上げられているのをしばしば目にします。たとえば，頭蓋骨を静物画のテーマにするようなことが，このことばと関連しています（若桑，1993）。わざわざ絵にして飾るなど，ちょっと趣味が悪いようにも感じますが，そのことを通して「今」の生を見つめなおすという教訓もあったといいます。このことは今の私たちにも通じるように思われます。

みなさんが，毎日の生活を大切にし，考えていく上で，また，その中で自分自身や子どもたちを理解していくために，この本の内容が助けになることを願っています。

Q **終.1**

この章で説明したように，エリクソンは，「統合 対 絶望，嫌悪」という対立を老年期の危機として挙げ，その中で「人間的な強さ」として「英知」が現れると考えました。

この，老年期の「英知」とはどのようなものだと思いますか？　あなたの考えたことをまとめてみてください。

memo

Q終.2

　この本を読んで，どのようなことが印象に残っているでしょうか。**Q序.1**で作成した「年表」をもう一度取り出し，この本で特に関心を持ったことが，発達の過程のどの時期に起きるどのようなことかを，さらに書き加えてみてください。たとえば，アタッチメントの成り立ちに関心を持った場合は，（想像上の）自分の子どもの誕生から1歳までの時期のところに，そのことを書き加える，子どもの幼稚園での対人関係の特徴が気になるときは，子どもが3〜6歳くらいの時期のところに，そのことを書き加えてみる，というようにしてみてください。

　また，それが自分のこれまでの経験や，考えていたことによくあてはまることだったか，それとも，自分の経験や考えていたこととは異なるものだったか，あわせて考えてみてください。

memo

Ａ終.1

　この課題は，エリクソンの理論に関するテストではありませんので，まずはみなさんの自由な考えがまとめられていればよいのですが，その内容をふまえながら，次のようなことを考えてもらえればと思います。

　老人の英知というと，たとえば「村の長老」や「仙人」のような人が持つ特別な知識，特別な能力のようなものがイメージされるかもしれません。みなさんの答えの中にもそのような内容が含まれるのではないでしょうか。しかし，心理学の研究・議論の中では，そうしたいわば選ばれた人だけが持つ特別な能力や知識のようなものではなく，私たち誰もが老い（衰え）や死と向き合う中で必要になる考え方・態度といえるものを含む概念として考えられています。

　エリクソンの考え方の中で，「絶望」は，人生を終える死と向かい合うこと，また，老いの中で身体が衰えていくことと結びついています。若い読者の方も，このことはある程度想像できるでしょう。自分が衰え，やがて命を失う運命にあることを直視することは，決してやさしいことではありません。その中でも絶望せず，生きることへの関心を持ちながら自分の人生を受け入れることが「統合」にあたります。エリクソンは，それを可能にするためには，この段階までの人生で「危機」を通して自分自身の特質を十分発達させることなどが必要になると考えています。たとえば，青年期（第1章参照）に同一性を形成することも，人生の最後の時期に自分自身を統合することに結びつくとされているわけです。

　そうした過去とのつながりの中での自我の統合が，英知と呼ばれるものと結びついています。英知は英語の wisdom を訳した語で，分別がある，賢明であるといった内容とともに，知恵がある，知識があるといった意味も含まれた概念です。筆者のことばでまとめるなら，老いてもなお，身の回りのこと，さらには世界のことに積極的に関心を持っており，動じない

で落ち着いた考え方・判断ができることを「英知」と呼べそうです。言い換えれば，年をとっても「自分の殻にこもって」しまったり，積極的に考えることをやめたりしないことが，ここで考えられている老いのあり方といえます。

A終.2

　序章で説明したように，発達心理学で考えられていることは，すべての人に的確にあてはまることばかりではありません。この本に書かれた内容でも，みなさんがこれまで経験してきたことに，「その通り！」とあてはまることもあるでしょうし，「何か違う気がする」「私の経験はこんなものじゃない」と感じる内容もあるかもしれません。実は筆者自身も，これまで書いた内容と自分の経験がぴったりと合致することばかりではありません。

　残念ながら，心理学研究の多くは，個人それぞれの経験を「それはこういうことです」とていねいに説明するとか，みなさん個々の悩みを解決することではなく，多くの人（子ども）から得られた資料をまとめて解釈することで進められています。加えて，Q序.1，A序.1で説明したように，人間の発達は経済的な，あるいは技術的な社会的背景によって変動する部分もあります。研究が行われた文脈や筆者が育ってきた環境と，みなさんが育ってきた環境には違いがあることでしょう。

　ただし，自分の経験や，自分の知っていることにあてはまらないことにも，意味があります。私たちはそれぞれ，異なる生き方で成長しています。みなさんの経験にはあてはまらない経験をしている人もどこかにいるのです。心理学は，私たちが自分自身を理解するためのものでもあり，他者を理解していくための知識をつくり出すものでもあります。そして，子どもたちは，もっとも身近な「他者」です。この本で説明された乳児期・幼児期の発達に関する研究は，子どもたちが「小さい大人」でも，「何もわか

っていない幼い存在」でもないことを示しているのです。

参 考 図 書

佐藤 眞一・髙山 緑・増本 康平（2014）．老いのこころ——加齢と成熟の発達心　　　理学——　有斐閣

　記憶など認知機能の変化，家族や他者とのかかわりの意味，さらには死生観などさまざまな観点から，近年研究が進んでいる心理学的な老いの理解が紹介されています。

河合 隼雄（2020）．中年危機　朝日新聞出版

　著名な臨床心理学者である著者が，夏目漱石をはじめとした日本文学を題材にしながら，中年期の心やその危機について考察しています。いわゆる心理学の研究書とは異なるものですが，中年期に起きる出来事を鋭い観点から描いています。

引 用 文 献

第1章

安達 智子（2006）．大学生の仕事活動に対する自己効力の規定要因　キャリア教育研究, *24*, 1-10.

安藤 りか（2014）．頻回転職の意味の再検討――13回の転職を経たある男性の語りの分析を通して――　質的心理学研究, *13*, 6-23.

Erikson, E. H.（1963）. *Childhood and society*（2nd ed.）. New York: W. W. Norton.
（エリクソン, E. H. 仁科 弥生（訳）（1977）．幼児期と社会1　みすず書房）

Erikson, E. H., & Erikson, J. M.（1997）. *The life cycle completed*（Extended version）. New York: W. W. Norton.
（エリクソン, E. H.・エリクソン, J. M. 村瀬 孝雄・近藤 邦夫（訳）（2001）．ライフサイクル, その完結　増補版　みすず書房）

畑野 快・杉村 和美・中間 玲子・溝上 慎一・都筑 学（2014）．エリクソン心理社会的段階目録（第5段階）12項目版の作成　心理学研究, *85*, 482-487.

日原 尚吾・杉村 和美（2017）．20答法を用いた青年の否定的アイデンティティの検討――量的・質的データによる分析――　発達心理学研究, *28*, 84-95.

伊藤 美奈子（2012）．アイデンティティ　高橋 惠子・湯川 良三・安藤 寿康・秋山 弘子（編）発達科学入門3　青年期～後期高齢期（pp.35-50）　東京大学出版会

児美川 孝一郎（2013）．キャリア教育のウソ　筑摩書房

Kuhn, M. H., & McPartland, T. S.（1954）. An empirical investigation of self-attitudes. *American Sociological Review, 19*, 68-76.

Marcia, J. E.（1966）. Development and validation of ego-identity status. *Journal of Personality and Social Psychology, 3*, 551-558.

溝上 慎一（2010）．現代青年期の心理学――適応から自己形成の時代へ――　有斐閣

無藤 清子（1979）．「自我同一性地位面接」の検討と大学生の自我同一性　教育心理学研究, *27*, 178-187.

大倉 得史（2002）．ある対照的な2人の青年の独特なありようについて　質的心理学研究, *1*, 88-106.

上山 浩次郎（2013）．大学進学率における地域間格差拡大の内実――大学収容力との比較を通して――　北海道大学大学院教育学研究院紀要, *118*, 99-119.

山田 ゆかり（1989）．青年期における自己概念の形成過程に関する研究――20答法での自己記述を手がかりとして――　心理学研究, *60*, 245-252.

第2章

遠藤 利彦（2012）．親子のアタッチメントと赤ちゃんの社会性の発達　小西 行郎・遠藤
　　利彦（編）赤ちゃん学を学ぶ人のために（pp.161-189）　世界思想社

藤田 英典（2012）．現代の貧困と子どもの発達・教育　発達心理学研究, 23, 439-449.

柏木 惠子・若松 素子（1994）．「親となる」ことによる人格発達――生涯発達的視点から
　　親を研究する試み――　発達心理学研究, 5, 72-83.

数井 みゆき（2005）．「母子関係」を越えた親子・家族関係研究　遠藤 利彦（編著）発達
　　心理学の新しいかたち（pp.189-214）　誠信書房

子安 増生（1996）．生涯発達心理学のすすめ――人生の四季を考える――　有斐閣

Out, D., Piper, S., Bakermans-Kranenburg, M. J., & van IJzendoorn, M. H. (2010). Physio-
　　logical reactivity to infant crying: A behavioral genetic study. *Genes, Brain and Behavior*,
　　9, 868-876.

Schaffer, H. R. (1998). *Making decisions about children* (2nd ed.). Blackwell.
　　（シャファー, H. R.　無藤 隆・佐藤 恵理子（訳）（2001）．子どもの養育に心理学が
　　いえること――発達と家族環境――　新曜社）

菅野 幸恵・岡本 依子・青木 弥生・石川 あゆち・亀井 美弥子・川田 学・東海林 麗香・高
　　橋 千枝・八木下（川田）暁子（2009）．母親は子どもへの不快感情をどのように説明
　　するか――第1子誕生後2年間の縦断的研究から――　発達心理学研究, 20, 74-85.

德田 治子（2004）．ナラティヴから捉える子育て期女性の意味づけ――生涯発達の視点か
　　ら――　発達心理学研究, 15, 13-26.

安田 宏樹（2012）．管理職への昇進希望に関する男女間差異　社會科學研究, 64, 134-
　　154.

第3章

Baillargeon, R., & DeVos, J. (1991). Object permanence in young infants: Further evidence.
　　Child Development, 62, 1227-1246.

Fantz, R. L. (1961). The origin of form perception. *Scientific American, 204* (5), 66-72.

Karasik, L. B., Tamis-LeMonda, C. S., Adolph, K. E., & Bornstein, M. H. (2015). Places and
　　postures: A cross-cultural comparison of sitting in 5-month-olds. *Journal of Cross-
　　Cultural Psychology, 46*, 1023-1038.

Meltzoff, A. N., & Borton, R. W. (1979). Intermodal matching by human neonates. *Nature,
　　282*, 403-404.

小椋 たみ子（2005）．音韻の発達　岩立 志津夫・小椋 たみ子（編）よくわかる言語発達
　　（pp.32-35）　ミネルヴァ書房

Piaget, J. (1970). Piaget's theory (G. Gellerier, & J. Langer, Trans.). In P. H. Mussen (Ed.),
　　Carmichael's manual of child psychology (3rd ed., Vol. 1, pp.703-732). New York: Wiley.
　　（ピアジェ, J.　中垣 啓（訳）（2007）．ピアジェに学ぶ認知発達の科学　北大路書房）

Rovee-Collier, C.（1999）. The development of infant memory. *Current Directions in Psychological Science, 8*, 80-85.

高塩 純一（2012）. 赤ちゃんのからだと運動　小西 行郎・遠藤 利彦（編）赤ちゃん学を学ぶ人のために（pp.97-115）　世界思想社

上田 礼子（1983）. 日本版デンバー式発達スクリーニング検査——JDDST と JPDQ——　医歯薬出版

Wynn, K.（1992）. Addition and subtraction by human infants. *Nature, 358*, 749-750.

山口 真美・金沢 創（2008）. 赤ちゃんの視覚と心の発達　東京大学出版会

第 4 章

麻生 武（1992）. 身ぶりからことばへ——赤ちゃんにみる私たちの起源——　新曜社

Bushnell, I. W. R., Sai, F., & Mullin, J. T.（1989）. Neonatal recognition of the mother's face. *British Journal of Developmental Psychology, 7*, 3-15.

DeCasper, A. J., & Fifer, W. P.（1980）. Of human bonding: Newborns prefer their mothers' voices. *Science, 208*, 1174-1176.

Hamlin, J. K., Wynn, K., & Bloom, P.（2007）. Social evaluation by preverbal infants. *Nature, 450*, 557-559.

林 安紀子（1999）. 声の知覚の発達　桐谷 滋（編）ことばの獲得（pp.37-70）　ミネルヴァ書房

板倉 昭二（1999）. 自己の起源——比較認知科学からのアプローチ——　金子書房

小林 春美（2001）. 語意味の発達　秦野 悦子（編）ことばの発達入門（pp.56-81）　大修館書店

小林 洋美・橋彌 和秀（2005）. コミュニケーション装置としての目——"グルーミング"する視線　遠藤 利彦（編）読む目・読まれる目——視線理解の進化と発達の心理学——（pp.69-91）　東京大学出版会

小椋 たみ子（1999）. 語彙獲得の日米比較　桐谷 滋（編）ことばの獲得（pp.143-194）　ミネルヴァ書房

Pfungst, O.（1983）. *Das Pferd der Herrn von Osten (Der Kluge Hans): Ein Beitrag zur Experimentellen Tier-und Menscher-Psychologie.* Frankfurt am Main: Fachbuchhandlung für Psychologie.（Original work published 1907）
（プフングスト，O. 秦 和子（訳）（2007）. ウマはなぜ「計算」できたのか——「りこうなハンス効果」の発見——　現代人文社）

山口 真美・金沢 創（2008）. 赤ちゃんの視覚と心の発達　東京大学出版会

やまだ ようこ（1987）. ことばの前のことば——ことばが生まれるすじみち 1——　新曜社

第5章

Ainsworth, M. D. S., Blehar, M. C., Waters, E., & Wall, S.（1978）. *Patterns of attachment: A psychological study of the strange situation.* Hillsdale, NJ: Erlbaum.

Bowlby, J.（1973）. *Attachment and loss.* Vol. 2. *Separation: Anxiety and anger.* New York: Basic Books.

　　（ボウルビィ, J. 黒田 実郎・岡田 洋子・吉田 恒子（訳）(1991). 母子関係の理論Ⅱ 分離不安　新版　岩崎学術出版社)

Bowlby, J.（1982）. *Attachment and loss.* Vol. 1. *Attachment*（2nd ed.）. New York: Basic Books.

　　（ボウルビィ, J. 黒田 実郎・大羽 蓁・岡田 洋子・黒田 聖一（訳）(1991). 母子関係の理論Ⅰ　愛着行動　新版　岩崎学術出版社)

Bowlby, J.（1988）. *A secure base: Clinical applications of attachment theory.* London: Routledge.

　　（ボウルビィ, J. 二木 武（監訳）(1993). 母と子のアタッチメント──心の安全基地──　医歯薬出版)

遠藤 利彦（2012）. 親子のアタッチメントと赤ちゃんの社会性の発達　小西 行郎・遠藤 利彦（編）赤ちゃん学を学ぶ人のために（pp.161-189）　世界思想社

金政 祐司（2013）. おとなの恋愛の成り立ち　大坊 郁夫・谷口 泰富（編）クローズアップ恋愛（pp.62-71）　福村出版

数井 みゆき（2005）.「母子関係」を越えた親子・家族関係研究　遠藤 利彦（編著）発達心理学の新しいかたち（pp.189-214）　誠信書房

数井 みゆき（2007）. 子ども虐待とアタッチメント　数井 みゆき・遠藤 利彦（編著）アタッチメントと臨床領域（pp.79-101）　ミネルヴァ書房

中尾 達馬（2012）. アタッチメント　日本発達心理学会（編）氏家 達夫・遠藤 利彦（責任編集）社会・文化に生きる人間（pp.228-240）　新曜社

高橋 道子（1992）. 笑う──微笑の発達を中心にして──　心理学評論, *35*, 474-492.

富山 尚子（2010）. 母親による乳児の泣きの理解と不安　乳幼児教育学研究, *19*, 73-81.

内海 新祐（2013）. 児童養護施設の心理臨床──「虐待」のその後を生きる──　日本評論社

第6章

DeLoache, J. S., Chiong, C., Sherman, K., Islam, N., Vanderborght, M., Troseth, G. L., Strouse, G. A., & O'Doherty, K.（2010）. Do babies learn from baby media? *Psychological Science, 21*, 1570-1574.

Fernald, A., & Morikawa, H.（1993）. Common themes and cultural variation in Japanese and American mothers' speech to infants. *Child Development, 64*, 637-656.

針生 悦子（2015）. ことばの学習の立ち上がり　発達, *141*, 8-12.

石坂 啓（1996）. コドモ界の人　朝日新聞社

板倉 昭二（1999）．自己の起源——比較認知科学からのアプローチ——　金子書房

木下 孝司（2008）．乳幼児期における自己と「心の理解」の発達　ナカニシヤ出版

熊谷 高幸（2004）．「心の理論」成立までの三項関係の発達に関する理論的考察——自閉
　　症の諸症状と関連して——　発達心理学研究，*15*，77-88.

Lewis, M., & Brooks-Gunn, J.（1979）．*Social cognition and the acquisition of self.* New York:
　　Plenum.

中川 信子（2015）．子どもたちのことばの育ち——乳幼児健診にはじまる一貫した支援を
　　考える——　発達，*141*，46-51.

日本小児保健協会（編）（2003）．DenverⅡ：デンバー発達判定法　日本小児医事出版

小椋 たみ子（2006）．養育者の育児語と子どもの言語発達　月刊言語，*35*（9），68-75.

小椋 たみ子・綿巻 徹（2004）．日本語マッカーサー乳幼児言語発達質問紙「語と身振り」
　　手引　京都国際社会福祉センター

坂上 裕子（2012）．情動の起源と発達　日本発達心理学会（編）氏家 達夫・遠藤 利彦
　　（責任編集）社会・文化に生きる人間（pp.202-213）　新曜社

植村 美民（1979）．乳幼児期におけるエゴ（ego）の発達について　心理学評論，*22*，
　　28-44.

綿巻 徹・小椋 たみ子（2004）．日本語マッカーサー乳幼児言語発達質問紙「語と文法」手
　　引　京都国際社会福祉センター

第7章

Baron-Cohen, S., Leslie, A. M., & Frith, U.（1985）．Does the autistic child have a "theory of
　　mind"? *Cognition*, *21*, 37-46.

林 創（2013）．嘘の発達　村井 潤一郎（編著）嘘の心理学（pp.83-93）　ナカニシヤ出版

池田 まさみ（2002）．幼児期における鏡文字の出現と消失　人間文化研究年報，*26*，1-9.

子安 増生（2016）．心の理論研究35年——第2世代の研究へ——　子安 増生・郷式 徹
　　（編）心の理論——第2世代の研究へ——（pp.1-14）　新曜社

子安 増生・服部 敬子・郷式 徹（2000）．幼児が「心」に出会うとき——発達心理学から
　　見た縦割り保育——　有斐閣

熊谷 高幸（2004）．「心の理論」成立までの三項関係の発達に関する理論的考察——自閉
　　症の諸症状と関連して——　発達心理学研究，*15*，77-88.

Milligan, K., Astington, J. W., & Dack, L. A.（2007）．Language and theory of mind: Meta-
　　analysis of the relation between language ability and false-belief understanding. *Child
　　Development*, *78*, 622-646.

三浦 勝彦・田中 敏隆・坂越 孝治・圓 正博（1987）．幼児における逆位認知の研究（14）
　　日本保育学会大会研究論文集，*40*，190-191.

三浦 勝彦・田中 敏隆・坂越 孝治・圓 正博（1988）．幼児における逆位認知の研究（15）
　　日本保育学会大会研究論文集，*41*，480-481.

村井 潤一郎・島田 将喜（2013）．嘘の心理学　村井 潤一郎（編著）嘘の心理学（pp.1-16）
　　ナカニシヤ出版
Piaget, J.（1952）．*The child's conception of number*（C. Gattegno, & F. M. Hodson, Trans.）．
　　London: Routledge.（Original work published 1941）
Piaget, J.（1970）．Piaget's theory（G. Gellerier, & J. Langer, Trans.）．In P. H. Mussen（Ed.），
　　Carmichael's manual of child psychology（3rd ed., Vol. 1, pp.703-732）．New York: Wiley.
　　（ピアジェ，J.　中垣 啓（訳）（2007）．ピアジェに学ぶ認知発達の科学　北大路書房）
Piaget, J., & Inhelder, B.（1956）．*The child's conception of space*（F. J. Langdon, & J. L.
　　Lunzer, Trans.）．London: Routledge & Kagan Paul.（Original work published 1948）
Premack, D., & Woodruff, G.（1978）．Does the chimpanzee have a theory of mind? *The
　　Behavioral and Brain Sciences, 1*, 515-526.
Siegler, R., Saffran, J. R., Eisenberg, N., DeLoache, J., & Gershoff, E.（2017）．*How children
　　develop*（5th ed.）．New York: Worth.
園田 菜摘（1999）．3 歳児の欲求，感情，信念理解——個人差の特徴と母子相互作用との
　　関連——　発達心理学研究, *10*, 177-188.
鈴木 忠（1993）．幼児の空間的自己中心性の捉え直し　教育心理学研究, *41*, 470-480.
高橋 登（2015）．子どもの読み書き能力とつまずき　発達, *141*, 29-33.
横山 真貴子・秋田 喜代美・無藤 隆・安見 克夫（1998）．幼児はどんな手紙を書いている
　　のか？——幼稚園で書かれた手紙の分析——　発達心理学研究, *9*, 95-107.

第 8 章
Aber, L., Morris, P., & Raver, C.（2012）．Children, families, and poverty: Definitions, trends,
　　emerging science and implications for policy. *Social Policy Report, 26*（3）, 1-19.
Bishop, G., Spence, S. H., & McDonald, C.（2003）．Can parents and teachers provide a reli-
　　able and valid report of behavioral inhibition? *Child Development, 74*, 1899-1917.
Cummings, E. M., Keller, P. S., & Davies, P. T.（2005）．Towards a family process model of
　　maternal and paternal depressive symptoms: Exploring multiple relations with child and
　　family functioning. *Journal of Child Psychology and Psychiatry, 46*, 479-489.
Fivush, R., & Nelson, K.（2006）．Parent-child reminiscing locates the self in the past. *British
　　Journal of Developmental Psychology, 24*, 235-251.
Guerin, D. W., Gottfried, A. W., & Thomas, C. W.（1997）．Difficult temperament and be-
　　haviour problems: A longitudinal study from 1.5 to 12 years. *International Journal of
　　Behavioral Development, 21*, 71-90.
Harter, S.（2012）．*The construction of the self: Developmental and sociocultural foundations*
　　（2nd ed.）．New York: Guilford.
金山 元春・金山 佐喜子・磯部 美良・岡村 寿代・佐藤 正二・佐藤 容子（2011）．幼児用社
　　会的スキル尺度（保育者評定版）の開発　カウンセリング研究, *44*, 216-226.

柏木 惠子（1988）．幼児期における「自己」の発達――行動の自己制御機能を中心に――
　　東京大学出版会

小松 孝至（2009）．幼児期の親子関係・家族関係　無藤 隆・岩立 京子（編著）乳幼児心
　　理学（pp.121-132）　北大路書房

小松 孝至（2010）．ことばの発達と自己　秦野 悦子（編）生きたことばの力とコミュニケ
　　ーションの回復（pp.3-27）　金子書房

小松 孝至（2011）．乳幼児期のことばの学びと他者――子どもの「自己」の多様なあらわ
　　れに注目して――　発達，*125*，17-24.

Miller, P. J., Wiley, A. R., Fung, H., & Liang, C.-H.（1997）．Personal storytelling as a medium
　　of socialization in Chinese and American families. *Child Development, 68*, 557-568.

Nelson, K.（1989）．Monologue as representation of real-life experience. In K. Nelson（Ed.），
　　Narratives from the crib（pp.27-72）．Cambridge, MA: Harvard University Press.

大神 優子（2011）．「気になる子」に対する保育者と保護者の評価――SDQ（Strengths
　　and Difficulties Questionnaire）を利用して――　和洋女子大学紀要，*51*，179-188.

Povinelli, D. J., Landau, K. R., & Perilloux, H. K.（1996）．Self-recognition in young children
　　using delayed versus live feedback: Evidence of a developmental asynchrony. *Child
　　Development, 67*, 1540-1554.

Shimizu, M., & Teti, D. M.（2018）．Infant sleeping arrangements, social criticism, and mater-
　　nal distress in the first year. *Infant and Child Development, 27*, e2080.　DOI: 10.1002/
　　icd.2080

Shweder, R. A., Jensen, L. A., & Goldstein, W.（1995）．Who sleeps by whom revisited: A
　　method for extracting the moral goods implicit in practice. In J. J. Goodnow, P. J. Miller,
　　& F. Kessell（Eds.），*Cultural practices as contexts for development. New directions for
　　child development No.67.*（pp.21-39）．San Francisco, CA: Jossey-Bass.

恒吉 僚子・ブーコック，S. S.・ジョリヴェ，M.・大和田 滝惠（1997）．育児書の国際比
　　較　恒吉 僚子・ブーコック．S（編著）育児の国際比較――子どもと社会と親たち
　　――（pp.27-130）　日本放送出版協会

第9章

藤村 宣之（2019）．児童期①――思考の深まり――　藤村 宣之（編著）発達心理学――周
　　りの世界とかかわりながら人はいかに育つか――　第2版（pp.88-109）　ミネルヴァ
　　書房

藤田 英典（2012）．現代の貧困と子どもの発達・教育　発達心理学研究，*23*，439-449.

Inagaki, K., & Hatano, G.（2002）．*Young children's naive thinking about the biological world.*
　　New York: Psychology Press.
　　（稲垣 佳世子・波多野 誼余夫（監訳）（2005）．子どもの概念発達と変化――素朴生物
　　学をめぐって――　共立出版）

Inhelder, B., & Piaget, J.（1958）. *The growth of logical thinking from childhood to adolescence: An essay on the construction of formal operational structures*（A. Parsons, & S. Milgram, Trans.）. New York: Basic Books.（Original work published 1955）

伊藤 朋子（2019）. 大学生による確率のとらえ方――降水確率を対象に―― 日本教育心理学会第 61 回総会発表論文集, 306.

松田 文子・田中 昭太郎・原 和秀・松田 伯彦（1995）. 時間, 距離, 速さの関係概念の形成が小学校 5 年算数「速さ」の理解に及ぼす影響 発達心理学研究, *6*, 134-143.

中村 和夫（2004）. ヴィゴーツキー心理学 完全読本――「最近接発達の領域」と「内言」の概念を読み解く―― 新読書社

Piaget, J.（1970）. Piaget's theory（G. Gellerier, & J. Langer, Trans.）. In P. H. Mussen（Ed.）, *Carmichael's manual of child psychology*（3rd ed., Vol. 1, pp.703-732）. New York: Wiley.（ピアジェ, J. 中垣 啓（訳）（2007）. ピアジェに学ぶ認知発達の科学 北大路書房）

Siegler, R., Saffran, J. R., Eisenberg, N., DeLoache, J., & Gershoff, E.（2017）. *How children develop*（5th ed.）. New York: Worth.

菅原 ますみ（2012）. 子ども期の QOL と貧困・格差問題に関する発達研究の動向 菅原 ますみ（編）子ども期の養育環境と QOL（クオリティ・オブ・ライフ）（pp.1-23）金子書房

高橋 登（2001）. 学童期における読解能力の発達過程――1-5 年生の縦断的な分析―― 教育心理学研究, *49*, 1-10.

湯澤 正通（2012）. 児童の認知 高橋 惠子・湯川 良三・安藤 寿康・秋山 弘子（編）発達科学入門 2――胎児期～児童期――（pp.225-237） 東京大学出版会

ヴィゴツキー, L. S. 柴田 義松（訳）（2001）. 思考と言語 新訳版 新読書社

第 10 章

Compas, B. E., Jaser, S. S., Bettis, A. H., Watson, K. H., Gruhn, M. A., Dunbar, J. P., Williams, E., & Thigpen, J. C.（2017）. Coping, emotion regulation, and psychopathology in childhood and adolescence: A meta-analysis and narrative review. *Psychological Bulletin, 143*, 939-991.

塙 朋子（1999）. 関係性に応じた情動表出――児童期における発達的変化―― 教育心理学研究, *47*, 273-282.

Harter, S.（2012）. *The construction of the self: Developmental and sociocultural foundations*（2nd ed.）. New York: Guilford.

市川 伸一（2004）. 学ぶ意欲とスキルを育てる――いま求められる学力向上策―― 小学館

Kohlberg, L.（1969）. Stages and sequence: The cognitive developmental approach to socialization. In D. A. Goslin（Ed.）, *Handbook of socialization theory and research*（pp.347-480）. Chicago, IL: Rand McNally.

（コールバーグ, L.　永野 重史（監訳）(1987).　道徳性の形成――認知発達的アプロ
　ーチ――　新曜社）

小松 孝至・紺野 智衣里（2014).　小学校 3 年生の日記における子どもの自己のあらわれ
　――記号論的アプローチによる探索的考察――　発達心理学研究, *25*, 323-335.

松尾 直博（2002).　学校における暴力・いじめ防止プログラムの動向――学校・学級単位
　での取り組み――　教育心理学研究, *50*, 487-499.

野崎 優樹・子安 増生（2015).　情動コンピテンスプロフィール日本語短縮版の作成　心理
　学研究, *86*, 160-169.

小塩 真司（2010).　はじめて学ぶパーソナリティ心理学――個性をめぐる冒険――　ミネ
　ルヴァ書房

Saarni, C.（1999).　*The development of emotional competence.* New York: Guilford Press.
　（サーニ, C.　佐藤 香（監訳）(2005).　感情コンピテンスの発達　ナカニシヤ出版）

佐久間（保崎）路子・遠藤 利彦・無藤 隆（2000).　幼児期・児童期における自己理解の発
　達――内容的側面と評価的側面に着目して――　発達心理学研究, *11*, 176-187.

清水 由紀（2005).　パーソナリティ特性推論の発達過程――幼児期・児童期を中心とした
　他者理解の発達モデル――　風間書房

外山 美樹・伊藤 正哉（2001).　児童における社会的比較の様態（2）――パーソナリティ
　要因の影響――　筑波大学発達臨床心理学研究, *13*, 53-61.

Turiel, E.（2002).　*The culture of morality: Social development, context, and conflict.* Cam-
　bridge, England: Cambridge University Press.

上淵 寿（2008).　感情研究と動機づけ研究の関係　上淵 寿（編著）感情と動機づけの発達
　心理学（pp.1-24）　ナカニシヤ出版

上淵 寿（2012).　動機づけ　日本発達心理学会（編）氏家 達夫・遠藤 利彦（責任編集）
　社会・文化に生きる人間――（pp.252-262）　新曜社

山本 真子・小松 孝至（2016).　児童の日記にあらわれる他者との関係の中の自己――小学
　校 4 年生の日記の分析――　教育心理学研究, *64*, 76-87.

終　章

青山 拓央（2019).　心にとって時間とは何か　講談社

Draaisma, D.（2004).　*Why life speeds up as you get older: How memory shapes our past*（A.
　Pomerans, & E. Pomerans, Trans.).　Cambridge University Press.

Erikson, E. H., & Erikson, J. M.（1997).　*The life cycle completed*（Extended version).　New
　York: W. W. Norton.
　（エリクソン, E. H.・エリクソン, J. M.　村瀬 孝雄・近藤 邦夫（訳）(2001).　ラ
　イフサイクル, その完結　増補版　みすず書房）

福島 朋子・沼山 博（2015).　子どもの有無と主観的幸福感――中年期における規定因を中
　心として――心理学研究, *86*, 474-480.

堀 薫夫 (2018). 生涯発達と生涯学習 第 2 版 ミネルヴァ書房

一川 誠 (2008). 大人の時間はなぜ短いのか 集英社

北村 琴美・無藤 隆 (2003). 中年期女性が報告する娘との関係と心理的適応との関連 心理学研究, *74*, 9-18.

岡本 祐子 (1985). 中年期の自我同一性に関する研究 教育心理学研究, *33*, 295-306.

清水 紀子 (2004). 中年期の女性における子の巣立ちとアイデンティティ 発達心理学研究, *15*, 52-64.

若桑 みどり (1993). 絵画を読む――イコノロジー入門―― 日本放送出版協会

索　引

著 者 紹 介

小松　孝至
<ruby>小<rt>こ</rt>松<rt>まつ</rt></ruby>　<ruby>孝<rt>こう</rt>至<rt>じ</rt></ruby>

1995 年　東京大学教育学部卒業

2000 年　東京大学大学院教育学研究科博士課程単位取得退学

2004 年　博士（教育学）

現　　在　大阪教育大学教育学部准教授

主要編著書

"Meaning-making for living: The emergence of the presentational self in children's every-day dialogues"（Cham, Springer Nature, 2019）

"Crossing boundaries: Intercontextual dynamics between family and school"（共編著）（Charlotte, Information Age Publishing, 2013）

『生きたことばの力とコミュニケーションの回復』（分担執筆）（金子書房，2010）

心について考えるための心理学ライブラリ=2

発達心理学の視点
──「わたし」の成り立ちを考える──

2022 年 6 月 25 日 ©　　　　　　　初 版 発 行

著　者　小松孝至　　　　発行者　森平敏孝
　　　　　　　　　　　　印刷者　中澤　眞
　　　　　　　　　　　　製本者　松島克幸

発行所　　**株式会社　サイエンス社**

〒151-0051　東京都渋谷区千駄ヶ谷 1 丁目 3 番 25 号
営業 TEL　（03）5474-8500（代）　　振替 00170-7-2387
編集 TEL　（03）5474-8700（代）
FAX　　　（03）5474-8900

組版　ケイ・アイ・エス
印刷　㈱シナノ　　　　　　　　製本　松島製本
《検印省略》

サイエンス社のホームページのご案内
https://www.saiensu.co.jp
ご意見・ご要望は
jinbun@saiensu.co.jp　まで.

ISBN978-4-7819-1537-1

PRINTED IN JAPAN

家族の心理
第2版
家族への理解を深めるために

平木典子・中釜洋子・藤田博康・野末武義 共著

四六判・224 ページ・本体 1,900 円（税抜き）

グローバルな規模で様々な環境が変化する中，家族も「多様化」「個人化」に向かって変化しています．それに伴って家族に関する問題が生じ，心理的支援の必要性も高まっています．入門書として定評のある本書も，そのような情勢を踏まえた研究・実践の進展を伝えるため，気鋭の著者陣が新たに加わって改訂されました．心理学を学ぶ方だけでなく，家族に関心のある方にもお薦めの一冊です．

サイエンス社

スタンダード学習心理学

松井　豊 監修／青山征彦・茂呂雄二 編
A5判・248ページ・本体2,300円（税抜き）

本書は，1920〜30年代に旧ソ連において活躍し，近年再評価も著しいヴィゴツキーの方法論に影響を受けた著者陣が，その研究成果を余すところなくまとめた学習心理学の新しい教科書である．これまで，主に動物を研究対象としてきた学習を，行動ではなく活動を視点とすることで，複雑さをもった「人間の学習」としてとらえ直し，その「在り方」や「成り方」，さらに遊びのもつ可能性といった視点を中心に論じる．2色刷．

サイエンス社

環境心理学の視点

暮らしを見つめる心の科学

芝田征司 著

A5 判・256 頁・本体 2,300 円（税抜き）

本書は，学際的な研究領域として発展の目覚ましい環境心理学の入門テキストです．知覚や認知といった心理学的な内容のほか，建築学や犯罪学，社会学などのさまざまな領域に関連した内容について，身近で日常的な場面を例として取り上げ，本書を読みながら体験できるように工夫して解説しています．何気ない日常の中に，知的探求のきっかけを見つけることのできる一冊です．

サイエンス社

認知心理学の視点
頭の働きの科学

犬塚美輪 著

A5 判・264 頁・本体 2,500 円（税抜き）

「頭の回転が速いね」とほめたり，ほめられたことはないでしょうか．逆に「自分は何て頭が悪いんだろう」と嘆いたことはないでしょうか．このように，私たちは「頭」がさまざまな知的活動に関係していることは分かっていますが，その正確な仕組みについてはよく知らないのかもしれません．本書では，そのような私たちの頭の働きを明らかにする「認知心理学」の基礎的な知識について，身近な例に基づいて分かりやすく解説します．はじめて学ぶ方，心について考えてみたい方におすすめの一冊です．

【主要目次】

サイエンス社

心理学の視点

躍動する心の学問

村井潤一郎 編著

A5 判・288 頁・本体 2,200 円（税抜き）

本書は，学問としての心理学に最初に出会う方を読者に想定した，心理学の概論書です．「つまみ食い」に陥ることで各領域の魅力を損なうことのないよう，各執筆者の持ち味を活かすようにし，コンパクトで網羅性があり「惹きつけられる」概論書を目指しました．また，読者の方々に心について考えてもらえるよう，章ごとのテーマに即した「問題」を用意し，それについての「解説」を充実させました．心理学の各領域における心のとらえ方にふれ，心理学的視点に興味を持っていただける好個の入門書です．

【主要目次】

サイエンス社